圣殿骑士团

从神坛跌落尘埃

[英] 迈克尔·克里根◎著　　叶泉◎译

THE KNIGHTS TEMPLAR

FROM CATHOLIC CRUSADERS TO CONSPIRING CRIMINALS

MICHAEL KERRIGAN

浙江人民出版社

图书在版编目（CIP）数据

圣殿骑士团：从神坛跌落尘埃 /（英）迈克尔 · 克里根著；叶泉译．—杭州 ：浙江人民出版社，2021.12

ISBN 978-7-213-10283-7

Ⅰ. ①圣… Ⅱ. ①迈… ②叶… Ⅲ. ①骑士（欧洲中世纪）- 历史 Ⅳ. ① D59

中国版本图书馆CIP数据核字（2021）第176869号

浙江省版权局
著作权合同登记章
图字：11-2019-265号

圣殿骑士团：从神坛跌落尘埃

[英]迈克尔 · 克里根　著　叶　泉　译

出版发行：浙江人民出版社（杭州市体育场路347号　邮编　310006）
　　　　　市场部电话：(0571)85061682　85176516
责任编辑：王月梅　钱　丛
营销编辑：陈雯怡　陈芊如　赵　娜
责任校对：何培玉
责任印务：刘彭年
封面设计：创研设
电脑制版：北京创智明辉文化发展有限公司
印　　刷：杭州丰源印刷有限公司
开　　本：710毫米 ×1000毫米　1/16　印　　张：17
字　　数：220千字　插　　页：4
版　　次：2021年12月第1版　印　　次：2021年12月第1次印刷
书　　号：ISBN 978-7-213-10283-7
定　　价：118.00元

如发现印装质量问题，影响阅读，请与市场部联系调换。

出版说明

欧洲的中世纪是一个崇尚信仰的时代，教会从一开始就参与到世俗事务之中。基督教既是一种宗教，也是一股政治力量。作为军事宗教组织的骑士团，正是基督教这种双重性质的集中体现。

中世纪欧洲有三大骑士团，分别是圣殿骑士团、医院骑士团和条顿骑士团。骑士既要作为教徒维护信仰，又深度参与世俗事务，在历史上尤其是十字军东征中，留下了浓墨重彩的一笔。而且骑士都出身贵族，本身在社会和政治上就有比较强的影响力，因此要想了解欧洲中世纪史，必须了解三大骑士团。可以说，骑士团是了解中世纪历史的一把钥匙，也是了解庞大而复杂的中世纪史一个比较好的切入点。而圣殿骑士团从神坛跌落尘埃的离奇经历，更让人对其充满好奇。

本书以圣殿骑士团的历史为主要线索，同时对医院骑士团和条顿骑士团也做了介绍，语言通俗，细节生动。了解三大骑士团的兴衰，对了解中世纪的宗教和十字军东征都有重要意义，这也是我们策划本书的初衷。

本书内容供广大读者参考。希望本书的出版，能够拓宽人们的认知，启迪人们对历史和社会发展做进一步的探索。

目录

第7章 功难成，身渐退

第8章 成就传奇

圣殿骑士团：从神坛跌落尘埃 ▶▶

导　言

在中世纪欧洲，若人们认为自己的国家或者信仰遭遇危机，而必须诉诸战争，那么基督教修士可以作为士兵参战。这种做法在当时是很正常的，虽然现代人会觉得有些奇怪。

鲍德温四世（1161—1185）未及弱冠，便已承担了成年人的职责。考虑到这点，他的表现可谓相当称职。1174年，他加冕成为耶路撒冷王国国王，年仅13岁。当时的中东地区，穆斯林首领之间的分歧异常尖锐。鲍德温四世即位伊始，就大举进攻大马士革。他的军队立下赫赫战功——重创了撒拉森人[①]的首都，满载金银财宝凯旋。

讽刺的是，取胜的虽然是鲍德温四世，但当时中东局势混乱，穆斯林国家之间矛盾不断激化，

前页图：十字军东征攻占耶路撒冷（1099）后的宗教庆典。

① 源自阿拉伯文的sharqiyyin，意为“东方人”，拉丁文作Saracen。这个词在中世纪不仅指阿拉伯人，还包括其他的穆斯林。——译者注

这些因素合力将鲍德温四世的对手萨拉丁（1137—1193）——一位颇具个人魅力的库尔德裔撒拉森领袖，推上了统治者苏丹的位置。经过多年南征北战，萨拉丁塑造了鲜明的个人形象：一位睿智的领导人，一个兼具军事天赋和英勇品格的将领。

萨拉丁成为中东穆斯林世界的主宰。鲍德温四世虽然少年老成，但远非萨拉丁的对手。鲍德温四世面临的挑战只会愈发艰巨。

此外，这位法兰克裔君主还要与其他的困难做斗争。鲍德温四世被称为“麻风国王”，他的麻风病症在十多岁时已非常明显。随着病情日渐加重，他身体上慢慢出现一些让人不忍直视的病状。16岁时，鲍德温四世的面容尚且清晰，但四肢浮肿，满布疥疮，伤口不断流脓。不过他依然是一位骁勇善战的国王和骑士，坚定地带领他的军队在前线冲锋陷阵，尽管他盔甲下的手脚不得不缠上绷带。

下图：耶路撒冷国王鲍德温四世的印章。

危机重重的耶路撒冷

鲍德温四世别无选择。萨拉丁崛起后，直接威胁到耶路撒冷这个1099年第一次十字军东征之后建立的王国。对于中东伊斯兰统治者而言，这样一个国家的存在，时时刻刻都在刺激着他们的神经。对他们而言，耶路撒冷掌握在基督徒手中，不仅反常，更是一种冒犯。毕竟，伊斯兰教的创传者穆罕默德是在圣殿山山顶结束了他的夜行并登霄的。阿克萨清真寺如今仍有穆罕默德登霄时的遗

上图：阿克萨清真寺是伊斯兰教最著名的清真寺之一。

存。[①]萨拉丁在埃及和叙利亚的统治已经稳固下来，他的下一步计划就是收复耶路撒冷。不管是出于宗教情结还是对权力的欲望，或者爱国情怀，萨拉丁都必须重夺圣地耶路撒冷。

1177年11月，萨拉丁再次发动进攻。他率领约2.6万名士兵，向军事重镇亚实基伦（位于特拉维夫50千米以南的一座海滨城市）进军。鲍德温四世看穿了萨拉丁的意图，带领数百名骑士火速前来救援。这时，萨拉丁意识到耶路撒冷防守空虚，他随即改变作战计划，转攻圣城。

① 圣殿山和阿克萨清真寺皆为耶路撒冷的宗教圣地。——译者注

少年鲍德温四世临危不惧。除了370名骑士外，他还集结了4000名步兵和土耳克伯佣兵，后者是当地皈依基督教的阿拉伯人，属于轻骑兵，作战风格与撒拉森人类似，对战中使用短弯刀或发射弓箭。总而言之，鲍德温四世军队的人数虽远少于萨拉丁的大军，其战力却不容忽视。此刻，那位撒拉森统帅正雄赳赳、气昂昂地朝耶路撒冷进军。

鲍德温四世是否清楚他的兵力远不及对手呢？按常理推断，他不太可能知道，否则无法解释他为何如此镇定自若。不管怎么说，至少表面看来，鲍德温四世面无惧色。关于这段历史，拉尔夫·德·狄塞图的记叙被奉为经典。他供职于基督教会，在叙述这段历史时也许有失偏颇，但他对于鲍德温四世领导才能的描写，倒也恰如其分。

> （鲍德温四世的）士兵并非单纯依靠刀剑与弓箭，而是在十字架的庇护和带领下，日夜兼程，前去阻击撒拉森人。

鲍德温四世和他的军队在内陆地区的蒙吉萨（现在的拉马拉市附近）遭遇了撒拉森人。萨拉丁大军密密麻麻，遍布整个平原，人数是法兰克军队的数倍。拥有如此强大的兵力，萨拉丁一方不会对可能来自对手的攻击有任何防备。不过，鲍德温四世也没有乘机发动偷袭，反而下令军队停止前进。

“真十字架”

一位神父来到鲍德温四世军队阵前，高举圣物盒，所有人摘下头盔，颔首低眉。圣物盒装饰精美华丽，发出如太阳般耀眼的闪闪金光。盒内珍藏之物看似只是一块木片，但据说来自“真十字架”，也就是耶稣基督受刑的十字架。凡看过“真十字架”的人，无不为之动容。

上图：古斯塔夫·多雷创作于19世纪的作品，表现了受到“真十字架”激励的十字军东征士兵。

身患麻风病的国王屈膝跪下，虔诚地注视着圣物，手画十字，低声祷告：他愿意奉献生命，祈求上帝让他战胜异教徒，使上帝的信徒和上帝的教会得到拯救。根据相关记载，耶路撒冷正是耶稣基督曾踏足的圣地。一系列虔诚的祷告结束后，鲍德温四世才下令进攻。这给了撒拉森人宝贵的时间，来准备即将到来的战斗。

撒拉森人开始迎战，他们组成坚固的防线，阻挡敌军的前进。萨拉丁军队人数虽多，但兵力过于分散，而且没做好战斗准备。萨拉丁军队的将领皆以为要到耶路撒冷后才开始真正的战斗，因而防备松懈，被眼前的进攻打了个措手不及。

圣殿骑士力挽狂澜

根据拉尔夫·德·狄塞图的记载，在这紧要关头，一队圣殿骑士挺身而出。他们的装扮与骑士无异，实际身份却是基督教修士，他们的铁甲外是白色披风，上有骑士团的标志——红色十字架。鲍德温四世的军队中共有84名圣殿骑士，由大团长尤德斯·德·阿曼德（1110—1179）指挥。骑士们排成四列，组成楔形战队，慢慢推进。狄塞图有如下描述：

> 圣殿骑士紧密团结，如同一个人在战斗。他们无所畏惧，在萨拉丁大军中长驱直入，手起刀落，将一个个敌人斩落马下。

在随后的记叙中，狄塞图写道，撒拉森人“惊恐万分，四处逃窜，然而不管逃往何处，皆丧命于刀剑之下”。圣殿骑士以少胜多，重创萨拉丁大军。据狄塞图的记载，“一名圣殿骑士以一己之力追击1000名敌军，而另一名竟将上万名敌军打得落花流水”。

萨拉丁素以沉着冷静著称，如今却陷入极度恐慌。据说，“萨拉丁眼见自己的士兵四处逃窜，简直难以置信”，“权衡之下，他决定走为上

上图：根据古斯塔夫·多雷的作品创作的版画，表现了尤德斯·德·阿曼德领导的圣殿骑士团击溃撒拉森军队的场景。

右图：19世纪一位不知名艺术家的作品，表现了萨拉丁逃离令他蒙羞的蒙吉萨的场景。

计，连盔甲也丢弃了，只骑着一匹骆驼，带着一小队人马，好不容易才逃出生天”。

胜利源自上帝的旨意？

时至今日，我们不难理解，尤德斯·德·阿曼德领导的圣殿骑士团之所以能取胜，在于他们战术得当，且善于把握战机。而撒拉森军队尽管在人数上有巨大优势，但过度的自信以及草率的军队部署削弱了他们的战斗力。但是，身处其中的那些人并不这么想。

萨拉丁的好友巴哈·阿丁将萨拉丁的败仗定义为“一场灾难，一场可怕的灾难”。这一结论看似冷静客观，但总像是为萨拉丁开脱。基督教一方也不热衷于将这次胜利归功于鲍德温四世，即使赞颂这位年轻的法兰克君王，重点也放在他从上帝那里获得了格外的眷顾上。蒙吉萨之战不过是一场精神胜利和心灵上的激励。在他们看来，大敌当前，鲍德温四世却停止进攻，先展示和朝拜“真十字架”，这不是一种过失，而是宗教战争取胜的必要前提。

左图：提尔的威廉画像。他撰写的编年史反映出他作为老师，对少年国王鲍德温四世的影响。他后来对骑士团颇有微词。

今天，人们可以利用心理学、军事战术理论等来分析鲍德温四世的胜利，但中世纪的人缺乏这些方法，所以他们在评价这场胜利时，考虑的是上帝在战争中发挥的作用，以及产生的影响。在当时，基督教信徒想当然地认为，上帝会在凡间的战争中庇佑自己的军队。这也是为何萨拉丁战败被蒙上了一层灾难的色彩——这比个人或政治上的耻辱还要令人难堪，对于萨拉丁及他的军队而言，战败意味着上天对其不满。

提尔的威廉（1130—1186）是鲍德温四世的老师，也是他传记的作者。当代学者迈克尔·斯汤顿指出，对于这次兵力如此悬殊的胜利，威廉深感忧虑，认为自己的学生不应独揽功劳，而应将胜利的荣耀归功于上帝。

下图：犹大·马加比是反抗宗教迫害的象征，他激励了多个世纪之后的十字军东征士兵。

屠龙武士圣乔治

几位经历蒙吉萨战役的路人，看到撒拉森军队兵败如山倒，深感震惊，发誓他们亲眼看到了圣乔治骑着马，追赶惊慌失措的撒拉森军队。据说，这位屠龙武士葬在吕大（通译为罗德）附近。试问，在如此神圣的战役中，这位圣灵起死回生，对基督军队施以援手，又有何不可呢？

圣乔治英勇善战，圣城中他的身影随处可见[1]，他是十字军东征士兵的最佳守护神。在艺术作品中，他一般以中世纪骑士的形象出现。在一些久远的传说中，他则是罗马士兵的形象，不过人们普遍认为他是古希腊人。皈依基督教后，圣乔治在君士坦丁大帝早期的一次宗教迫害中殉道。君士坦丁大帝后来也受洗入教，并将基督教定为罗马帝国的国教，吕大供奉圣乔治的教堂就是在其治内修建的。这座宏伟的建筑今日依旧矗立在原处，但13世纪中期后，教堂已转变为清真寺。

下图：叙利亚马卢拉镇上的一幅镶嵌画，展现了圣乔治屠龙的情景。

[1] 耶路撒冷有多处以圣乔治命名的地方，包括教堂、街道等。——译者注

“和平的缔造者”？

在斯汤顿看来，提尔的威廉这番评价，说明他认为蒙吉萨大捷重现了基甸大胜米甸人的历史。《士师记》第6—8章记载了基甸这位犹太领袖，仅带领300人就战胜了十多万人的米甸大军——彰显了上帝对于他“钦选子民”的偏爱。犹大·马加比也是一位犹太人领袖，领导了公元前167—前160年反抗波斯统治的起义。提尔的威廉将阿曼德比作马加比——即使马加比只是（神话）历史人物，而非宗教人物，借以说明上帝对这位圣殿骑士的厚爱。

如果上帝能直接干预人间事，那我们就不能指

下图：13世纪一幅色彩艳丽的小型画作，描绘了令人目不暇接的激战场面，可以看出中世纪战火频仍。

望人间的一般规律发挥作用了。并不仅是胜负规律乱了套，使得“得胜不关乎人多人少”，而是所有普通人信奉的规律在那一刻全丧失了效力：一位少年国王，不仅与功成名就的沙场老将不相上下，甚至尤胜一筹；一支强悍的大军，竟然被一次普通规模的进攻击溃。

若抛开索然无味的史实，只讨论上帝法力高低的问题，那么客观因素的影响越小，上帝的法力就显得越高强，神的光辉就越闪耀。人的因素在整个战役中几乎荡然无存。编年史学家神化了鲍德温四世、阿曼德等人的功绩，塑造出一个个盖世英雄的形象，与此同时，史家也削弱了这些人的人性，呈现在读者眼前的俨然是一群法力无边的神。

与生活在现代的我们相比，12世纪的人看待问题的角度自然有所不同。即使意识到这一点，我们也很容易低估这些差异。例如，彼时的人和现在的我们处于不同时空，各自如何看待由阿曼德统领的扭转蒙吉萨战役局面的圣殿骑士团呢？比这个问题更复杂的是，这样的一个组织——既是维护基督教教义的宗教团体，又是训练有素、纪律严明的骑士军队——为何能立足于世？还有，真的只要一声令下，圣殿骑士就可以为上帝慨然赴死，因而被上帝钦点为“和平的缔造者”吗？

“摒弃武力”“爱你的仇敌”

基督明白无误地告诫信徒，要摒弃武力。“不要与恶人作对”，“有人打你的右脸，连左脸也转过来由他打”。（《马太福音》5：39）

隔了数行经文之后，基督又提出另一条劝诫，“要爱你的仇敌”（《马太福音》5：44）。但基督也明确提出“我来并不是叫地上太平，乃是叫地上动刀兵”（《马太福音》10：34）——大多数研究《圣经》的学者认为，他在此处使用了比喻的手法，意指教义上的纷争，而非武力冲突。

这完全是一个如何解读《圣经》的问题。《圣经》的真实性也许未

> 即使那些最为真诚、恭敬的读者，对同样的经文也可能有不同的解读。

曾受到质疑，但这并不意味着可以不加辨别地全盘接受《圣经》的内容。即使那些最为真诚、恭敬的读者，对同样的经文也可能有不同的解读。的确，读者愈是博学，他们解读《圣经》的角度就愈加复杂精妙，也愈加发现《圣经》难以解读。多个世纪以来对《圣经》进行的诠释，不仅远没有厘清经文的含义，反而凸显了语言本身的模糊性，也凸显出某些最具权威的诠释的局限性。

真实世界中不仅存在邪恶，而且邪恶还在不断肆虐，人们有时需要做出一定程度的妥协。尽管做到“要爱你的仇敌”非常不易，但是基督的这个训诲也许可以作为人际交往中的一项准则。问题是，这样的做法适用于社会组织的管理或治国理政吗？信奉基督教的国家，就应该放任杀人犯或强盗为非作歹吗？就应该放任自己的国家、邻国或盟国为他人所侵略吗？

起决定作用的不是言，而是行

《约翰福音》开篇说“太初有道”①，对于基督徒（或者基督教政体）而言，道何时终止，行何时发端呢？为防止出现诱惑信徒的“假先知”，基督强调“凭着他们的果子，就可以认出他们来”（《马太福音》7：16）。因此，起决定作用的不是“言（道）”，而是“行”。行为是发生在真实世界中的，这意味着作为基督徒，需要认识真实世界是如何运作的。不过若奉持一种务实的信仰，又可能使教会获得充足的借口，向世俗社会过分妥协。教皇手握财富和权力，与世俗君主结成错综复杂、影响深远的关系网络，这种情况让教会受到了批评。时至今日，依然还有人认为教会应该在更大范围内更坚定地拒斥世俗世界。

① “太初有道”中的“道”，在《圣经》中的基本含义为“言”或“话语”。——译者注

上图：11世纪的手绘图，表现了圣殿骑士正准备攻打耶路撒冷的场景。

这种对立在基督教历史上一直存在。一些人认为，就本质而言，基督的核心思想是无政府主义——基督教要远离世俗国家和社会，因为正是世俗国家和社会滋生了不公正和不平等。基督徒看到宗教领袖过着奢华的生活，而自己却被灌输要过简朴生活、遵守回归本原的观念，这些观念更接近《圣经》所教诲的理想。

基督教会在中世纪逐渐积累了世俗社会中的财富和政治权力，这显然违背了基督教教义。不可否认，许多基督教领袖表现出了极度的虚伪和自私，为争权夺利不惜牺牲自己的信徒，最终导致了中世纪的“宗教改革运动”。

“和平之战”

宗教必须与世俗事务打交道。一些宗教门派要求信徒离群索居，追求纯粹的精神生活，但他们并非宗教主流。而且他们的生命力依赖于一种更世俗的、与社会更为一致的基督教。这些门派没有迅速萎缩，发展成无关紧要的派别，因为他们顺应了当时的基督教。这就是方济各[①]（1182—1226）能长久地维持他的影响力的原因。圣方济各的托钵修士们摈弃了当时多数教会人员所享受的崇高地位和安逸生活，但他们从不质疑教会的权威。

基督教士兵

基督教从犹太教中一个较小的偏门派系发展成了一个规模宏大的宗教，并在君士坦丁大帝统治时期走向成熟。君士坦丁大帝登基时，罗马帝国已过了鼎盛时期，但仍然是世界上疆土最广、最强大的帝国，罗马依然是这个帝国的中心。

罗马帝国有着深厚的尚武传统，君士坦丁大帝之所以皈依基督教，正是因为他可以借此得到神的许诺——在战争中获胜。据说在米尔维安大桥战役（312）前夜，他曾见到一道金光闪过天际，天空闪现一串神奇的拉丁符号“in hoc signo vinces”，意为“以

① 中世纪修士，提倡过清贫生活，他始创的方济各会中的修士一般衣着简朴。——译者注

此为记，汝等必胜”[1]。“去爱你的邻居”说来当然好听，但古代君王在决定是否信奉一位神明时，需要评判这位神明是否具备带来祥瑞之兆的神力，换言之，是否能带来好运或战争的胜利。

君士坦丁大帝把基督教定为罗马帝国的国教，将其地位合法化，也使得基督教与世俗权力建立了某种特殊的关系。这种关系贯穿了整个中世纪——可以说，在某些国家，这种关系持续至今。

上图：16世纪描绘米尔维安大桥战役的画作。

[1] 据传，君士坦丁大帝在梦中看到天边有一个燃烧的十字架，下方有一行拉丁文“in hoc signo vinces”。在第二天的米尔维安大桥战役中，君士坦丁让士兵们在盾牌上做十字架的标志，罗马军队果然获胜。——译者注

右图：奥古斯丁发表著名的“正义战争论”。

基督教中，理想主义者和现实主义者两派的对立，在战争、战争的正义和邪恶等问题上表现得最为充分。理想主义者的疑问是，战争如何能具有正义性？而现实主义者则反驳，战争为何不能具有正义性？“不可杀人”（《出埃及记》20：13），基督也曾要求信徒“以德报怨”。许多基督徒认为，听任邪恶蔓延本身就是一种作恶。

奥古斯丁（354—430）是北非海滨城市希波的主教。5世纪，他首次系统地阐述了战争的正当性（正义战争论），其影响十分深远。他最为著名的作品是《忏悔录》，以对基督理念无情的自我批评而闻名于世。此外，他在其他诸多问题上也做了探索。

上图：据古斯塔夫·多雷作品所创作的版画，一位天使带领十字军进攻耶路撒冷。

奥古斯丁撰写《上帝之城》时，西罗马帝国的首都拉文纳不断遭到异族侵略。他在书中指出，上帝之城同样也在受到围攻。正如人的内心会被一系列自私罪恶的欲望冲击，基督信仰也在不断受到攻击。奥古斯丁意识到，危险来自教会内部的异端分子和鲁莽的改革派，同时他也把异教信仰视为威胁。

信仰的纪念

奥弗尔镇位于奥克尼群岛上，是个多风的地区。城外原有一座宏伟的圆顶教堂，建于12世纪早期，现仅留废墟。据说其建造灵感来自耶路撒冷的圣墓教堂，那里是耶稣基督在人间最后的安息之处。

1111年，哈肯·珀尔森伯爵与相邻的马格努斯伯爵发生纠纷。哈肯是来自北欧的异教徒，马格努斯是虔诚的基督徒，他拒绝割让领土给哈肯。这让哈肯非常愤怒，他下令暗杀了马格努斯。此后，马格努斯被视为基督的殉道者。

后来，哈肯意识到自己的行为所带来的恶果，深感悔恨，于是皈依了基督教，开始朝圣之旅，以忏悔自己的罪孽。他的旅途从基督势力范围的最北端开始，直至圣城耶路撒冷。返回后，他建造了奥弗尔的这座教堂，作为纪念。

由此看来，宗教的发展和传播在中世纪已经与地理空间联系起来。这种联系体现在方方面面，从朝圣（某种意义上，是个人关于道德和宗教的空间旅程）的概念到但丁《神曲》中地狱、炼狱和天堂的空间排列次序，都有所涉及。对基督教而言，耶路撒冷具有特殊的地位，保卫耶路撒冷是基督教的核心任务之一。从本质上而言，哈肯的朝圣之旅就是一种重返精神家园之旅，他在奥弗尔建造的教堂也是一种神圣的旅游纪念。

奥古斯丁在精神上的深邃和理论上的深奥毋庸置疑，但不可否认，他得出了一个过于简单的结论：基督信仰的正统性必须得到坚定的维护，必要时可动用武力。

为了争取正义的结果，战争有时候不仅合情合理，而且至关重要。“我们追求和平不是为了参与战争”，奥古斯丁写道，“但我们参与战争是为了获得和平”。他认为，“正义战争指的是惩罚罪恶的战争。如果一个国家拒绝弥补其子民所犯的过错，或拒绝归还其掠夺的不义之财，那么这个国家应当受到惩罚”。

如此说来，战争就成为军事将领在人间的武器，是神谕的道义——战争的发动与个人恩怨或个人声望毫无关系。“真正的宗教理念认为”，奥古斯丁写道，“如果发动一场战争不是为了私利或制造不公，而是为了和平，为了惩恶扬善，那么它就是正义的战争”。

因此，对于奥古斯丁来说，应尽量不出于主观目的发动战争，应为原则而非个人恩怨而战。这个标准在道德上也许较为苛刻，不过研究宗教的当代学者约翰·兰根指出，只要满足这个标准，参与战争的人就可以免于承担责任。至于奥古斯丁本人是否意识到，基督教士兵以基督的名义进行杀戮这件事不合理，已经没有探究的必要了。实际上，只有在执行上帝的旨意这一崇高的事业时，基督徒才被鼓励“转过脸让别人打另一侧”。考虑到奥古斯丁以对个人道德要求严苛而著称，他认为每个人的灵魂都罪孽深重，唯有依靠上帝才能得到拯救，这种对于战争的包容尤其令人诧异。

清楚上述理由，就很容易弄明白了，为何中世纪的信徒会将宗教战争看作一种救赎，也可以明白中世纪的年轻人为何会受到鼓舞，应征入伍。毫无疑问，骑士将他们在耶路撒冷的所作所为视作一种朝圣，对于他们而言，进行东征就是一种精神朝圣。

上图：神父召集十字军。

一场虔诚的宗教朝圣

十字军东征不仅被同时代的人神化了，自东征以后，以欧洲中心论为主导的史学也将其理想化。今天的学者致力于剥去十字军东征的种种神话色彩，这种做法完全正确。不过，对东征的某些质疑虽然合理，但有些解读却过于极端。有人认为东征是一种帝国主义征服，与19世纪欧洲的殖民活动无异，这种说法毫无根据，对两种行为的理解都非常荒唐。

在琢磨东征背后的经济或政治动机时，我们尽可以发挥自己的想象。不过，加入十字军的基督教信徒的确认为，东征是他们的一次宗教朝圣，这是他们发自肺腑的想法，对此我们没有理由怀疑。基督教信徒并不一定分毫不差地按照教义行事，但他们信仰上帝，相信能在人世间感知上帝的精神。他们坚信，自身永恒的救赎正处于成败攸关的紧要关头，尘世中的任何牺牲都在所不惜。

圣殿骑士自身的冲突和矛盾

这就不难理解，在中世纪，为何如此多的年轻人渴望加入圣殿骑士团这样的宗教军事团体，为何当时的社会舆论也倾向于在骑士团服役意义重大。在我们看来，骑士的生活方式显然有悖于基督教精神，但毫无疑问，这个观点必定会令中世纪的人感到震惊和不解。

从种种情况来看，这个观点应该也令穆斯林——十字军的敌人——感到惊讶。对于穆斯林来说，“圣战”（holy war）的任务，就是使用包括武力在内的手段讨伐异教徒。现代伊斯兰学者强调，Jihad一词更偏向于指精神或信仰相关的斗争，因而不能简单地认为它是对“圣战”的一种背书。但有一点不容置疑，自穆罕默德在610年创立伊斯兰教以来，伊斯兰教已通过阿拉伯人一系列的南征北战进行了广泛传播。

信奉基督教的西方各国，必然要从政治和文化等角度将自身与异己划分为不同阵营——正如伊斯兰世界也同样敌斥信奉基督教的“Kafir”（卡

上图：在这幅画作中，耶稣基督以剑和《圣经》引领着十字军军队。

菲尔，伊斯兰教信徒对异教徒的称呼）。即使这两大敌对阵营没有公开的武力冲突，他们之间也存在一种类似冷战的状态，这种状况一直延续至现代。布永的戈弗雷在第一次十字军东征后重夺耶路撒冷的控制权，这更加剧了伊斯兰教和基督教之间的敌对状态。

因此，圣殿骑士团的宗旨看似矛盾，那主要是因为它体现了所处时代的矛盾，那是一个可以用信仰的名义发动战争的时代。圣殿骑士团的世界观存在深层次的问题，因而不可持续，但他们依然在历史上占有一席之地，也正因为如此，他们不断地陷入一个又一个的麻烦。

第 1 章

最初的骑士

骑士和神父两种职业之间存在奇妙的相似之处，这使得他们的结合几乎成为一种必然。

前页图：鲍德温一世集宗教和世俗权威于一身，于1098年入主埃德萨。

1390年左右，英国诗人杰弗里·乔叟创作了《坎特伯雷故事集》。他在书中写道："有一位武士，是一个高贵的人物，自从他乘骑出行以来，始终酷爱武士精神，以忠实为上，推崇正义，通晓礼仪。"[①]对很多人来说，骑士只是存在于文学作品和传说中的人物，其实骑士在历史上是真实存在的——尽管从各个方面而言，现实中的骑士并不具备文学或传说中的浪漫色彩。乔叟笔下"真正完善温良"的骑士也确实存在——不过真实的骑士形

① 此处译文选自［英］乔叟著，方重译：《坎特伯雷故事》，人民文学出版社，2004年。——译者注

象，远比诗人所观察到的更为复杂。

与中世纪的人相比，我们也许更容易看到骑士黑暗的一面。讽刺的是，骑士精英阶层所宣扬的宽宏慷慨，在今天看来，显然是一种对普通大众有计划的剥削和压迫。经济上巨大的不平等，让普通民众几乎无法享受到民主和自由，这二者所产生的社会关系，造就了乔叟笔下骑士的完美形象。但我们也不能否认骑士那些令人钦佩的品质，将其误认为是胡编乱造的，或是神话传奇。因为的确存在一种将骁勇善战、武艺高强和谦恭有礼等特点结合在一起的骑士传统。

上图：乔叟笔下的骑士体现出了最完美的骑士精神，在战场上勇猛无敌，不可战胜，但待人又宽厚仁慈，举止谦恭有礼。

强大而温柔的骑士

骑士是训练有素的职业士兵，需每日练习武艺，操练剑、盾、长矛等各色武器，进行马上演习。没有作战任务时，还要定期开展武艺比试。同时，他们还需精通各种优雅的社交礼仪。英文中形容词gentle（温柔的）的词根，与形容词genteel（彬彬有礼的）和名词gentility（彬彬有礼）相同；而courtesy（礼节）一词源自court，意为“宫廷”，即以国王或领主为中心的小型社交圈。对女性表现出骑士风范（源自法语chevalier，意为“骑马的人”，即骑士；英语原文为chivalry，也指对女性的殷勤体贴）也被视为上流社会有教养的标志——不仅指教养也指出身。此外，当时的人认为，正因为骑士拥有勇气和战功，所以他们待人接物能够体恤怜悯，谦逊有礼。骑士温柔的举止，恰是他们力量的一种外在体现。

下图：这幕14世纪勃艮第宫廷的场景告诉我们，骑士制度不仅与战争相关，也与社会等级和性别政治相关。

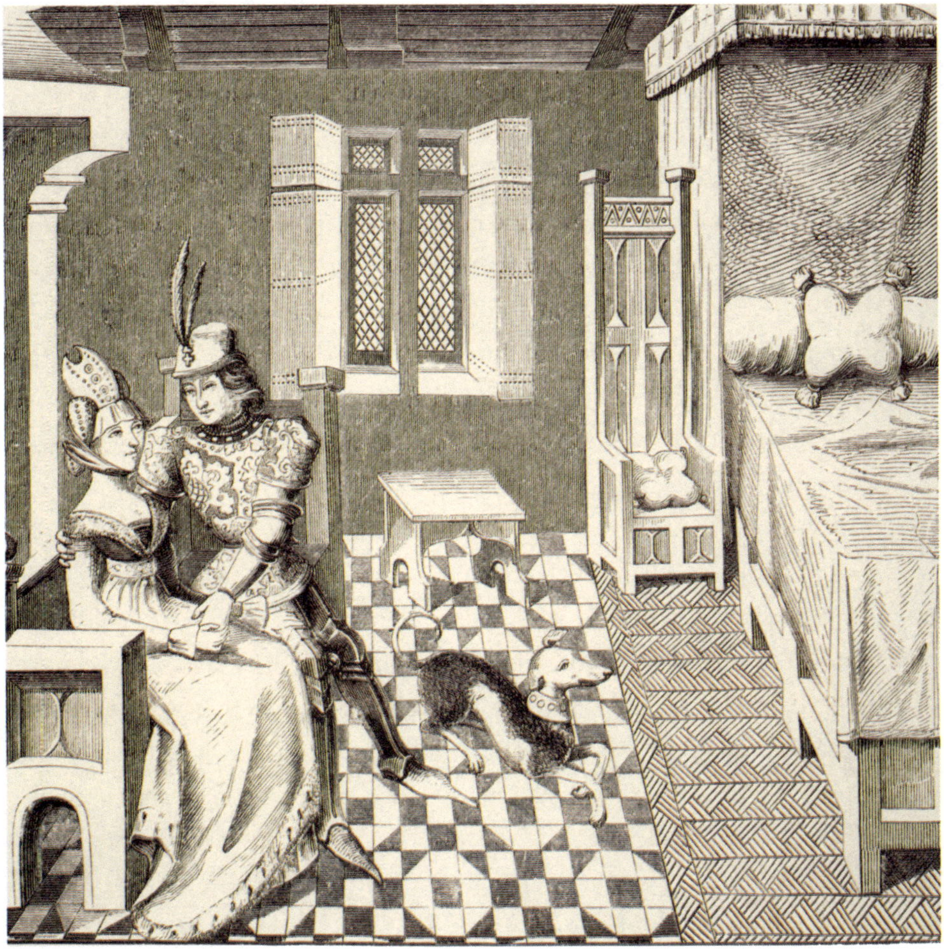

骑士需保护弱者，尤其是女性，这点深刻影响了骑士的两性关系。骑士生活不仅意味着在长夜里与同道开怀痛饮，还意味着在和煦的午后，向高贵淑女们倾诉衷肠，这种关系即后来所谓的“典雅爱情”。典雅爱情有一套严格且高度模式化的礼仪，据相关资料，它不强调爱情的圆满，更多的是通过种种富含诗意的、深情的赞美来追求心上人。但兰斯洛特骑士与亚瑟王的王后桂妮维亚间的私情是典雅爱情的一个例外。

骑士往往代表一种理想。亚瑟王和他的骑士只是一种传说，他们的生平也只存在于传奇小说而非史书中，这绝非巧合。随着中世纪的结束，现代社会的曙光初现，骑士传统难以为继——甚至成为一种无法实现的向往。西班牙文学家米格尔·德·塞万提斯（1547—1616）的名作《堂吉诃德》指出了骑士传统的缺陷，指明它与时代的格格不入。然而，纵观中世纪中后期（10—15世纪），骑士精神至少可以说是一种“真正的理想”。

骑士传统难以为继——甚至成为一种无法实现的向往。

骑士时代已过去多个世纪，骑士之于我们，只存在于传奇故事里，这些故事后来发展成一种丰富多彩的文学类型。①其中最著名的当属亚瑟王的故事，故事集中发生在亚瑟王的卡梅洛特宫廷中，主角是圆桌骑士（骑士们围坐圆桌，如此每位骑士的地位都同等重要，任何一位的风采都不会被其他骑士掩盖）。

蒙默思的杰弗里（约1095—1155）在他的《不列颠诸王史》（约1135）一书中，对卡梅洛特的生活进行了精彩的描述，书中的人物如亚瑟王、王后桂妮维亚、巫师梅林等，至今仍为人们熟知。杰弗里的作品记载了亚瑟王系列故事最早的版本：亚瑟是尤瑟王的儿子，尤瑟王的大本营在康沃尔

---

① 指骑士文学，大致包括骑士抒情诗、骑士传奇、骑士小说及后来的反骑士小说，盛行于西欧，反映了骑士阶层的生活理想。《堂吉诃德》是著名的反骑士小说。——译者注

上图：亚瑟王的圆桌，避免突出任何一位骑士。

北部岩石海岸的廷塔杰尔，他死后安葬在神秘的西部岛屿阿瓦隆岛。许多作者据此进行创作，讲述骑士们从卡梅洛特出发，与邪恶的巫师、怪物和巨人搏斗的冒险故事。

　　这类故事常以探险为主题，讲述某个骑士为

完成挑战而踏上征途。故事中，骑士的探险被赋予象征意义，既是完善自我之旅，也是探索自我之旅，因为探险本质上就是对个人品性、意志和忠贞的考验。探险的目的包括自我救赎、反对宗教迫害，以及伸张正义等。12世纪的法国作家克雷蒂安·德·特鲁瓦，以及著有诗作《帕尔齐法尔》的德意志诗人沃尔夫拉姆·冯·埃申巴赫（约1180—1220），均对骑士帕尔齐法尔追寻“圣杯”（据说是基督和他的门徒在“最后的晚餐”上使用过的圣杯，《圣经》中有相关叙述）的故事有过精彩的描述。14世纪晚期一部著名的英语韵文体骑士传奇，则讲述了另一位骑士高文踏上旅途，迎接绿衣骑士挑战的故事。

上图：身为神父，蒙默思的杰弗里过着清静的生活。他创作的历史神话影响了我们对中世纪的看法。

骑士与贵妇：让人着迷的典雅爱情

在征战间隙，骑士还会煞费苦心地追求贵族女性。这些贵妇大都貌美如花，但对仰慕者的追求却不一定给予回应。这种爱情逐渐发展出固定的模式，骑士往往不顾一切地陷入对一位贵妇的爱恋，而贵妇必定高傲矜持，不愿垂怜为伊人憔悴的骑士。然而，不管对意中人的爱恋多么深沉，骑士却大多保持贞洁，虽然不一定出于自愿。

典雅爱情并不总是超凡脱俗的，骑士们的感情也不尽然纯洁无邪，他们的爱情殿堂上可谓烦扰连连。在克雷蒂安的故事中，就出现了不和谐的音符。兰斯洛特与桂妮维亚竟在亚瑟王的宫廷中暗通款曲。

背叛、嫉妒和敌对的故事充斥着亚瑟王的世界，一个堕落之极的世界。当然，如果没有这些成人世界的主题，骑士故事也不可能在漫长岁月里吸引众多读者。从这个角度来说，虽是浪漫传奇，骑士故事也生动体现了现实生活的特点，正如现实中的骑士生活也带着一丝浪漫传奇的理想主义色彩。在基督教占主导的中世纪，现实生活中的骑士需宣誓遵守一定的行为准则。不必说，他们常常达不到

下图：帕尔齐法尔抵达圣杯城堡，他剑上的裂痕（就在国王的手上方）代表了道德上的缺陷，正是这些缺陷放慢了他探险的步伐。

上图：维多利亚时代的兰斯洛特和桂妮维亚画像，后者身体前倾。这是女性表示主动的典型姿态，暗示在这段感情中，女性是主动的一方。

准则的要求，不过至少他们的生活是由这些准则主导的。

高洁的品格和尊贵的出身

英国至今仍保留着骑士制度。骑士头衔由国王授予各行各业中做出特殊贡献的个人，受封的人可能来自议会的道路交通特别委员会，也可能来自电器行业。这体现了一个古老的传统，只要为国家做出特别贡献，平民也能获封爵位。历史上确实存在这种情况，但并不常见。要成为骑士，除了英勇，社会地位同样重要。

当然，英勇作战是非常重要的，这恰是骑士身份必要的组成部分。在中世纪，人们认为战斗中的英勇与高贵的出身相伴相生。“高贵的”一词原先与社会阶层密不可分，如今它也与道德品格联系在一起。“文雅的”一词也有着相似的演变过程。但“懦夫”（coward）却可以用于任何社会阶层，该词源于“牛群”（cow herd）。在中世纪的人眼里，出身低贱的人没有勇气（就所承担的社会功能而言，他们也不需要）。

在中世纪，人们认为战斗中的英勇与高贵的出身相伴相生。

贵族精英式的教育

中世纪骑士的职业规划通常始于孩童时期。年满七岁（亚里士多德所谓的理性的年纪，这也是中世纪人们对理性的理解），家里就会将其送到父亲供职的封建领主处，在城堡里担任侍童，干点儿在餐桌旁侍候、跑腿等简单活儿。作为回报，他将接受基本的军事训练——骑马和使用武器，学习如何狩猎、驯鹰这类供绅士消遣的活动。除了能武，一位骑士还需能文——读书写字是最基本的，还要学习朗诵诗歌、演奏乐器等技艺。经过一番打造，侍童逐渐掌握了必备的技能，成长为威廉·威克姆（1320—1404）口中“学有所成之人”，15岁时可晋升为温文尔雅的骑士扈从。

初出茅庐

据说加拉哈德是亚瑟王所有骑士中最纯洁最高尚的，感情思想、言语行为，方方面面都如此。然而，他自己却是一个私生子。他的母亲柯白尼克的伊莱恩是一位美丽的公主。她本以为只要自己愿意，任何骑士都会为她倾倒，却不曾想被兰斯洛特冷落了。兰斯洛特始终对主人的妻子忠贞不渝。伊莱恩只好戴着桂妮维亚的戒指，摸黑潜入兰斯洛特的卧室，悄悄地躺到了他的床上。加拉哈德就是两人这唯一一次相会的结晶。

在中世纪的骑士传奇中，我们总是看到对于世俗诱惑的描述，也总是读到骑士抗拒诱惑的生动描写。加拉哈德的人生经历就是这方面一个典型的例子，他的一生始于黑暗、欺骗和罪恶，经过种种骑士征途后，最终成为圣洁的化身。

骑士抒情诗和小说中描写的典雅爱情同样如此。这种诗歌和传奇花费大量篇幅描写感情（有时还有露骨的色情描写），但大体上还算高雅脱俗，追求的是一种柏拉图式的理想化的恋爱，几乎无异于神父的禁欲。这也是为何在中世纪，修士和士兵两种身份可以和谐存在于同一个人身上，这种事情在今天简直匪夷所思。

右图：乔治·费德里科·沃茨创作于1862年的作品，加拉哈德穿林而过，遍布肉欲诱惑的森林在画中具有特殊寓意。

一般来说，扈从的军事作战水平应当与成年骑士相差无几。他需宣誓效忠一位骑士主人，成为其左膀右臂。他与主人形影不离，照料主人的生活，保养主人的武器，作战时则为主人携带武器装备。21岁时，扈从可受封为骑士。受封仪式非常庄重，带有强烈的宗教意味。按照规定，受封前夜，准骑士需进行净身，然后通宵祷告，祈祷能建立功勋，成为一名强大的骑士。受封时，准骑士跪下，国王或王后手握宝剑，躬身向前，用剑轻点准骑士两肩。

英语中，accolade（奖赏或荣誉）一词由拉丁词根ad（向）和collum（颈部）构成，最初指一种

左图：一名侍童在接受培训，在成为扈从继而获封骑士后，他将对宫廷生活了如指掌。

右图：女王为骑士封爵。

伙伴间互开玩笑的打闹。在最早的受封仪式中，国王通常用拳头来授封。随着时间的推移，仪式的具体细节有所变化，不同宫廷的受封仪式也有所差别，但本质上是一致的。起身之后，扈从就成为真正的骑士，从此便要致力于维护君主的荣誉，维护他新的身份了。

本笃会规：骑士行为准则

在中世纪的欧洲修士中，存在一种类似于骑士团体的宗教组织。自耶稣召集门徒开始，基督徒们

自我克制与勇气

中世纪的人认为情欲是男子气概的核心，但其表达方式与今日有所不同。他们认为女性相对弱小，能力更差，无法掌控自身的情欲。乔叟在《巴斯妇的故事》中，借纵欲过度的巴斯妇之口，对女性这一特点进行嘲弄。弗兰切斯卡·达·里米尼与丈夫的兄弟私通，她的丈夫最终将两人杀死。这个故事从一个黑暗悲惨的角度描写了女性在情欲上的软弱。在但丁《神曲》的一个故事中，弗兰切斯卡是主角，作者对她寄以深切的同情，但仍然认为她的过失是可怕的，只有女性才会犯下。

男子气概也意味着自我控制，这也是精神高贵的一个标志，因此，克制情欲是骑士的一大美德。普通士兵可能会强暴被俘的妇女，但骑士不会做出这等事来。（至少这是普遍的观点。）

因此，即使遭到意中人冷冰冰的拒绝（当然，在外人看来，这种拒绝并没有想象中那样决绝），骑士的男子气概也不会被削弱。同样地，修士或神父的男子气概自然也不会因保持贞节而受到损害。这说明，骑士在情欲上的克制，相当于神父的禁欲。

纷纷仿效，聚集而居。（大名鼎鼎的亚瑟王圆桌常令人想起基督与十二门徒在最后的晚餐中坐过的那张桌子。当然，桌子上使用的正是圣杯。）

基督教本就强调分享与合作。随着时间的推移，基督徒发现两者的重要性与日俱增。他们不得不承认，同道之人增多，即使不能获得更高的安全感，至少也能得到更多的支持，因此逐渐出现一些组织较为严密的宗教团体。这些团体常远离一般市民社会，不受干扰和诱惑。努西亚的本笃（约480—534）就建立了几个这样的宗教修士团体。

530年左右，第一个修士团体在罗马南部的卡西诺山建立，其宗旨是本笃所弘扬的本笃会规。会规是一套严格的制度，规定了集体礼拜、个人祈祷和学习的固定时间，规定修士每天轮班从事体力劳动。本笃认为这样的劳作是对上帝的赞美，也可以帮助修士戒骄戒躁。修士们还需遵守“祈祷不忘劳动”的会规，不过两者于他们而言区别不大。

修道院有自己的等级结构。院长一般由修士选举产生，主持院内的日常事务。重大事项的决策，

右图：本笃发起修道运动，并最终促进了宗教军事组织的产生。

守时

《圣经·诗篇》中说“我一天赞美你七次”，本笃会规有非常严苛的时间安排。每日的诵经祷告时间大致以3小时为一个单位，修道院的一天从早上6点开始，修士们午夜进行早课，凌晨3点念赞美经，3小时后进行主课。随后，所有人聚集在议事厅开晨会，由院长传达当日任务，以及其他重要事项。

修士们只能在夜间祷告的间隙，抓紧时间睡上一会儿。白天的祷告也是定时的。大约上午9点开始午前祷告，接着是12点的正午祷告，下午3点进行午后祷告，6点进行晚课，最后是晚上9点开始的晚祷。至此，修士的一天就算结束了。

院长需与其他修士协商。院长也需进行日常的祈祷、礼拜和劳作等。会规总共73条，是从饮食到服饰等各个方面的一整套礼拜仪式，必须严格遵守。

劳作之前，修士需先进行烦琐的祈祷仪式。圣保罗就曾在《帖撒罗尼迦前书》（5：16）中教导信徒：“永远快乐，永不停息地祈祷。”修士们具有一定程度的文化，同时又充满干劲，不辞辛劳，因此修道院不仅农业发展兴旺，在啤酒、葡萄酒等酿造产业上也收获颇丰。

心怀慈悲，行医救人

修道院迅速发展为重要的经济中心，获得的善款也更多，正如《圣经》所说，“凡有的，还要加给他，叫他有余”（《马太福音》25：29）。富裕的市民将现金投入奉献箱，还捐赠各色财物——精美的圣杯、法衣，甚至土地，以期能洗去他们在人间的罪孽，迅速得到救赎。

规模较大的修道院由此积累了大量的财富和权力，以致后来的基督教

上图：修道院参与多种经济生产活动，图中一个修士正在酿酒（约1400）。

会改革者专门对此提出质疑。这些财富和权力并非通过剥削得来。本笃会首创的宗教修行模式，使得修士可以在修行间隙进行劳作，还可多行善举，为民众带来福祉。

为生病的人提供医治服务，是世人熟悉的一种善举。当时修道院无论大小，均设有医疗所，医治得病的修士。所以，何不向广大民众开放呢？中世纪中期以后，这类医疗所遍布欧洲。

上图：德意志艺术家安德烈亚斯·布鲁格尔的画作，圣伯尔纳在医治病人。

耶稣自己也医治病患，并且促使信徒传播这种善意。他告诉门徒，“因为我饿了，你们给我吃；渴，你们给我喝；我作客旅，你们留我住”。信徒听了耶稣的话，既讶异又不解，问耶稣他们何时为他做了这些事，耶稣解释道“这些事你们只要做在我这弟兄中一个最小的身上，就是做在我身上了”（《马太福音》25：35）。修道院开设医院逐渐成为中世纪社会一大鲜明的特点。

疗愈和关爱

当时医院提供的医疗服务较为有限。中世纪

的医学理念仍然以古希腊和古罗马的医学为基础，认为疾病是由体内不同体液的失衡引起的。虽然像放血等古代的治疗方法（它们一直沿用至19世纪中叶）只具备安慰剂的效果，但医院仍然可以为病人带来极大的慰藉。

基督教的朝圣者来到耶路撒冷时，大多疲惫而虚弱，又远离家乡，尤其需要这种关照。

宗教和世俗的联系

中世纪骑士与宗教的紧密联系，在教皇利奥九世（1049—1054年在位）身上体现得最为明了。利奥九世本名布鲁诺·埃格斯海姆-达格斯堡，出生在神圣罗马帝国的阿尔萨斯（现为法国东北部城市）。他的父亲是一位伯爵，是开创法兰克尼亚王朝的康拉德二世（1034—1039年在位）的表亲。少年时，利奥九世就供职于教会，但他从未忘记世俗权力的重要性，也从未忘记宗教在世俗社会中的广泛作用。作为图尔的主教，他与康拉德二世，以及他的儿子后来的亨利三世（1046—1056在位）一直保持来往，为两人处理外交事务。

上图：教皇利奥九世，他于1053年创建了第一个宗教骑士团——圣彼得骑士团。

以现代的眼光看来，布鲁诺的世俗贵族和教皇两个身份之间存在明显的利益冲突。不过必须承认，对于这两种身份他都表现得相当称职。担任主教时，他率先展开反腐行动，就任教皇后，又将反腐行动扩大至整个基督教会。显然，他试图打破封建领主的控制。买卖圣职，即出售宗教职位是一种对封建领主有利的行为，领主可以在教区或修道院里安插自己亲手挑选的耳目。

当时，神父一般独身，但教会并不严格禁止神父结婚，所以联姻结盟是维持教会权力的一种方式。布鲁诺极力主张实行修士独身制，他本人就是家族关系的受益者，这似乎让他更深刻地体会到家族关系会威胁到教会和帝国扩大势力。不可否认，改革的确保障了他本人与法兰克尼亚王朝关系网的利益，但同时也巩固了罗马教廷的权威。

钥匙和君士坦丁赠礼

彼得是耶稣基督的大弟子，领导其他门徒，教皇被视为其传人，继承耶稣授予彼得的权力，担任教会领袖。耶稣基督预见了自己离世、复活并最终离开门徒，他说“你是彼得，我要把我的教会建造在这磐石上”（彼得的希腊名称是Pétra，意为石头，耶稣此处语带双关）。耶稣基督授予彼得无限的（出现权责不清的情况时）权威，以便在他离世后领导教会，他随后又说“我要把天国的钥匙给你。凡你在地上所捆绑的，在天上也要捆绑。凡你在地上所释放的，在天上也要释放”（《马太福音》16：18）。

对于天主教徒来说，这些教义赋予教皇绝对的权威，并且通过使徒代代相传。但从来没有人把这些教义理解为授予教皇的世俗权力。问及他的信徒是否应向罗马帝国纳税，耶稣基督说：“恺撒的物当归给恺撒，神的物当归给神。”（《马可福音》12：17）

对利奥九世而言，耶稣基督和恺撒不过是一枚硬币的两面，也是他个人和宗教事业发展过程中的两面。在他的统治下，天主教会逐渐发展成神圣罗马帝国世俗社会中的一种权力组织。

> **天主教会逐渐发展成一种世俗权力组织。**

利奥九世是所谓“君士坦丁赠礼”的坚定拥护者，这份文件据说应君士坦丁大帝的要求起草，并在他去世之前亲自签署。文件之所以被称为“赠礼”，是因为它把意大利中部大片领土赠予教会，教会领袖可以在这个“教皇国”内行使世俗的权力。在当时，这份“赠礼”就已经颇让人生疑（它可能是5世纪伪造的一份文件），但利奥九世坚持它的真实性。15世纪，这份文件被证实是伪造的，但教会对“教皇国”的统治一直延续到19世纪（梵蒂冈至今仍然以教皇为国家元首）。因此，利奥身兼宗教领袖和世俗统治者双重身份。

诺曼征服

没过多久，利奥九世就碰到了来自世俗社会的阻难。讽刺的是，阻难恰好来自他的信徒。数十年来，维京人的后裔诺曼人定居法国，并皈依了基督教。他们取道西西里前往圣地朝圣。当时，意大利南部的大部分地区实际上处于拜占庭帝国的统治之下。

下图：12世纪，诺曼人在西西里岛的权力达到顶峰。图为威廉二世手举他在蒙雷阿莱建立的大教堂。

上图：利奥九世战败于奇维塔特。诺曼胜利者向教皇跪拜，但仍然将其囚禁，并占领了他的大部分领土。

几十年前，西西里岛的拜占庭统治者招募诺曼人为雇佣兵，击退肆虐当地海岸的阿拉伯海盗。诺曼人不负所托，完成了任务。但他们喜欢上了当地明媚的阳光和舒适的生活，决定定居于此，不再离开。随后，他们的亲朋好友纷纷迁徙而来，在意大利北部地区形成众多定居点。

1053年，拜占庭主教与教皇利奥九世的矛盾白热化。拜占庭皇帝却视利奥九世为盟友，向利奥求助，请求支援他反抗诺曼人。据拜占庭皇帝一方的说法，在意大利中部，从长远来看诺曼人将是拜占庭帝国的威胁。

被俘虏的教皇

无论是指挥军事行动，还是处理宗教事务，

异端[1]

纵观欧洲中世纪历史，我们可以快速得出一个结论，中世纪历史也可以认为是一部两大宗教集团——信奉基督教的西方和信奉伊斯兰教的东方——的对抗史。必须承认，这个结论多数情况下是正确的。不过，另外一些因素使得情况更为复杂。最突出的一个因素就是中世纪早期在东欧出现的一个基督教派，我们称之为东正教。

文化和语言的差异导致罗马帝国一分为二，西罗马帝国以欧洲拉丁文化为主，东罗马帝国偏向希腊文化。拜占庭城原本是希腊的一个贸易中心，第一个信奉基督教的皇帝——君士坦丁大帝将其改名为君士坦丁堡（后来土耳其入侵者又将其改为伊斯坦布尔），后逐渐发展为东罗马帝国的中心，实力超过以罗马为中心的西罗马帝国。西罗马帝国在5世纪陷落，东罗马帝国则继续发展，这个后人称为拜占庭的帝国又延续了一千年。

西罗马帝国气数已尽，而东罗马帝国的财富却在持续增长，故而东罗马帝国教会的主教认为，没有必要再向罗马教皇称臣了。拜占庭皇帝有权任命主教，使得主教在政治上对其效忠，而主教对教皇的忠诚往往退居其次。东罗马教会依然承认罗马教廷的权威，但越来越不愿意听命于后者了。

罗马教廷忍无可忍。1054年，利奥九世的一道训谕送至君士坦丁堡圣索菲亚大教堂的祭坛上，对君士坦丁堡牧首（东正教教会的首领，地位相当于罗马天主教会的教皇）凯鲁拉进行了斥责。牧首不甘示弱，立即还以颜色。教皇和牧首就此互相将对方开除教籍。基督教东西教会正式决裂，史称“东西教会大分裂”。此后，东正教会完全独立于天主教会。基督教此后一直处于分裂状态，直到20世纪80年代，两派才开始对话。

---

[1] 基督教分裂为天主教和东正教，两派都视对方为异端。对于伊斯兰教来说，这两派的信众都是异教徒。——译者注

上图：位于君士坦丁堡的圣使徒教堂。

利奥都游刃有余。他开始招兵买马，向意大利北部的伦巴第和德意志南部的斯瓦比亚这两个盟友地区，都派遣了军队。教皇则创建了一个新的骑士团，作为盟军的先遣部队。骑士团冠以“圣彼得骑士团”之名，但定义却有些模糊（也许是故意的），他们到底属于教会，还是作为教皇的私人军队，谁也说不清。

在圣彼得骑士团的带领下，盟军在福吉亚北部的奇维塔特（即圣保罗迪奇维塔特）与诺曼人展开对决。诺曼人虽任性妄为，却是虔诚的天主教徒，不愿反抗教皇，更不愿攻击他，但利奥军队的嘲笑似乎促使他们最终发动了进攻。

我们不知道圣彼得骑士在他们的第一次战斗中表现如何，不过利奥方的溃败也许能说明一二。利奥九世被俘。虽然诺曼人对他毕恭毕敬，但利奥显然视此为奇耻大辱。诺曼人对教皇的领土就没有那么客气了，他们将势力扩展到意大利南部的大部分地区。

圣彼得骑士团匆匆登上历史舞台，又匆匆消失。不过，骑士团的宗旨注定要延续下去。

慷慨激昂的战前动员

1095年，教皇乌尔班二世向全体天主教信徒发出号召，进行战争总动员。同年11月，在克勒芒会议上，他发表了演讲，发出“情况万分危急”的警告。乌尔班指出，伊斯兰军队已集结到了基督世界的家门口。不管拜占庭人与我们有何争执，他们始终是我们同宗的兄弟姐妹。他问道，难道我们真的要袖手旁观，眼睁睁地看着他们沦为异教徒的奴隶吗？

沙特尔的福尔克里（1059—1128）在他的《编年史》中记载了这历史性的一刻。乌尔班阐述了行动的必要性，一声高过一声地发出急切的——甚至称得上是歇斯底里的——呼吁，将演讲推向高潮：

上图：1095年，乌尔班二世在克勒芒会议上号召基督教徒武装起来。他的演讲促成了第一次十字军东征。

上图：耶路撒冷自638年被哈里发乌马尔（634—644年在位）占领后，一直掌握在穆斯林手中。

为此我请求你们，敦促你们，不，不是我，是上帝请求你们，恳求你们，作为基督的使者，不论贫富，出发吧，将那群暴民驱逐出你们兄弟的家园，把你们的援助，迅速送到那些也敬拜上帝的人手中吧！

他获得了期待的回应，福尔克里写道，听众齐声高喊："上帝的旨意！上帝的旨意！"

在乌尔班二世的呼吁下，西欧陷入一种狂热的骚动中，进行东征的渴望不断发酵。骑士和士兵深受鼓舞，普通百姓——甚至连孩子——也卷入了这股狂热之中，所有人都想竭尽全力捍卫自己的信仰。而要捍卫信仰，他们必须夺回圣地。

不管如何，这是天主教会鼓吹发动东征的理

由。在第一波对外征服中，阿拉伯人于638年夺取耶路撒冷。自此，这座圣地就一直处于阿拉伯人的实际占领之下，不过大多数时候，基督教朝圣者进出圣城尚算畅通无阻。而现在，天主教会增添了东正教这一对手，面对更为紧迫的地缘政治压力，自然需要在进出圣城这一问题上大做文章。再说，城中耶稣基督走过的街道、他安息的圣墓（无论他在此安息的时间多么短暂）……这些难道不应该由基督徒拥有吗？

乌合之众

参加十字军东征的人动机各不相同，这一点不

下图：1096年，隐士彼得召集民众参加“贫民十字军”。

可避免。许多人憧憬通过东征发财，也有许多人单纯出于冒险的心态，希望能从单调乏味的日常生活中解脱出来，但更多人将其视为一项神圣的职责。此外，教皇许诺，前往耶路撒冷的人，将从可怕的炼狱痛苦中解脱出来。如此慷慨的承诺，着实令人心动不已。

乌尔班二世鼓动起来的热情一发不可收拾。农民和贫穷工人的宗教狂热被点燃。亚眠的彼得（约1050—1115），又名隐士彼得，本是一个居无定所的传教士。他在法国北部很快就组建了一支多达10万人的杂牌军队。军队纪律涣散，大家都不清楚将去往何处，也不清楚要与谁战斗。这支“贫民十字军”浩浩荡荡推进至神圣罗马帝国西部，沿途洗劫犹太会堂，屠杀犹太人（他们认定犹太人是谋杀耶稣基督的凶手）。随后，这支乌合之众转战东南方向，一路肆意奸淫掳掠，最终被拜占庭皇帝阿莱克修斯一世击退。

艰难跋涉

由布永的戈弗雷（1060—1100）统率的“正规十字军”（军队士兵大多为法兰克人）首战告捷。军队很快占领了罗姆苏丹国的首都尼西亚（位于现在的土耳其西北部）。然而，当他们翻越安纳托利亚山脉进入叙利亚北部时，原先的胜利缓慢却又不可避免地转变成一场灾难。

远征计划虽经数月谋划，但当时天气炎热，要带领一支如此庞大的军队——除了士兵（包括妇女儿童），还有马匹以及运送物资的驮畜——穿越土耳其干旱的中部地区，运输上的困难几乎无法克服。成千上万的人在痛苦中死去，这支10万人的大军筋疲力尽地抵达安条克时，仅剩4万人。

安条克是战略要地，戒备森严。十字军围攻7个月，付出了惨重的代价才将其攻占。1098年6月城池陷落，十字军将怒火发泄在居民身上，成千上万的平民（包括基督徒）惨遭杀戮。

耶路撒冷王国成立

随后的一年，十字军击退了撒拉森人的一系列进攻，但己方也伤亡不断。1099年6月，十字军准备攻打耶路撒冷时，人数已减至2万人。这一次对耶路撒冷的围攻为时较短。7月13日，布永的戈弗雷亲率一支小分队成功翻越城墙，撕开了耶路撒冷的防线。入城后，十字军大肆屠城欢庆胜利。

阿奎勒斯的雷蒙德记述了当时的场景，耶路撒冷城中血流成河，他们骑马在城中穿行时，血“竟淹至马缰处”。这种说法当然过于夸张，不过对于十字军的残暴，基督教编年史的作者们看法都惊人地一致。

我们很难判断，这些编年史作者在书写相关历史时，到底是带着谴责的态度，还是怀着激动的心情（年代久远，我们无法准确判断语气）。可以肯定的是，他们对眼前的场景深感震惊。提尔的威廉写道：“这次对异教徒的大屠杀闻所未闻。”沙特尔的弗切尔则这样描述：“血已经淹没至

另一个世界

对基督徒而言，圣地是他们的精神家园，朝圣意味着回家。同时，他们踏入的又是另一个世界。根据《古兰经》的教诲，若信奉其他神的信徒（这里指基督徒）带着友善而来，伊斯兰教徒应表示尊敬。这项教诲多数时候是被遵从的，但在基督徒看来，他们也并非随时都受到欢迎。即使双方相安无事，基督徒朝圣还需要克服其他障碍，例如语言不通、路上遭到劫匪等。

受教育程度较低的信徒离开故土前来朝圣时，往往对路途之遥远估计不足，加上人生地不熟，到达圣地时，多数人都虚弱不堪。相关资料显示，早在7世纪，就有宗教团体为处境危急的信徒提供避难所和基本的医疗援助。

右图：1118年，鲍德温二世加冕成为耶路撒冷国王。该插图出自提尔的威廉所著的《历史》，为15世纪60年代的版本。

脚踝……无人幸免，即使妇孺也不例外。”

第一次十字军东征的目标顺利达成。1099年，耶路撒冷王国建立，圣城成为这个小国的中心，开国君主为鲍德温一世，其宫殿绕大卫城塔而建。大卫城塔是一座防御性城堡，其历史可以追溯到几个世纪以前（从它的名字即可看出）。

中东地区还建立了另外三个十字军国家，分别是安条克公国、埃德萨伯国和的黎波里伯国。这些地方都是东西方之间重要的商业和文化中心。

现代人倾向于将这些国家视为欧洲在中东的“殖民地”——从某种意义而言的确如此。不同的是，19世纪的欧洲列强在财富、科技和军事实力上，远超其殖民国。而在中世纪，情况正好相反。彼时的伊斯兰世界在科学和技术上都遥遥领先于欧洲，在穆斯林眼中，法兰克人不过是一群粗鲁的野蛮人。但是掌权的却是这些野蛮人——至少当时如此。

实行西欧封建制度

在中世纪，信奉基督教的欧洲长期实行封建制度。这一制度带有军事目的——国王，或者说封君，可以从封臣（封建领主）处获得军事武装力量。国王和封臣的关系又带有殖民性质，封臣从国王手里获得封地，成为国王的附庸。不同地区的封建制度存在差异，并且随着时间的推移，还发展出其他更为复杂的形式。但万变不离其宗，其核心在于利用忠诚来交换土地。国王将领土分封给亲信，后者成为封建领主，可以保留自己封地上大部分农业收益，享有巨大的权力和财富。作为封臣，他们要宣誓效忠国王，一旦有需要，他们须向国王提供武装力量，应召出兵。

随着时代的发展，欧洲封建制度赖以存在的基础——封建领地和领主，逐渐消失了。①若和平能长久地存在，也会发生同样的情况。只是现实中，不同政权间多为竞争关系，摩擦不断。当时，主要的欧洲王国都存在一个上层武装集团，领主之间若出现摩擦，往往会升级成全面战争。因此，国王多数时候只是形式上的统治者，实权掌握在手握军权的地方贵族手中。

耶路撒冷是基督徒历尽艰辛从阿拉伯人手里夺回的圣地，它充分展

① 中世纪后期，商业和城市兴起，税收实现了货币化，交通也越来越发达，国王能够建立常备军，王权逐步加强，不需要再依赖封建领主的军事力量。——译者注

现了西欧这种封建制度。耶路撒冷国王将领土分封给领主，以获得充足的兵力。

严格来说，安条克公国、的黎波里伯国和埃德萨伯国并不在耶路撒冷王国领土之内，不过这些国家都效忠耶路撒冷国王。耶路撒冷王国内的封建领地有加利利公国（下辖贝鲁特、拿撒勒和海法等领地）、西顿和外约旦（指约旦河东岸地区），还有许多规模更小的领地。

圣约翰医院与医院骑士团

耶路撒冷圣约翰医院（建于一座供奉施洗约翰的修道院旧址上，因此得名）位于圣墓教堂的南

下图：圣约翰医院。

面，大约是在第一次十字军东征以后建立的。不过，也有可能因为规模扩大，医院才正式得到承认。据记载，颇具影响力的达官贵人纷纷为医院慷慨捐赠。和其他修道院一样，这家医院也是由富人捐资所建，富人希望通过现世行善，可以在死后摆脱炼狱，尽快升入天堂。最先给医院捐赠的是布永的戈弗雷，他把从赫西利亚获得的租金赠予医院。赫西利亚是一个巴勒斯坦村庄，是布永的戈弗雷的战利品。随后，其他捐赠源源不断地涌向医院。

现在已无法确切了解医院最初几年的发展历史。可以肯定的是，教皇于1113年下谕，正式确立了医院骑士团的地位。除此之外，其他关于骑士团的说法大多语焉不详。早期的基督编年史作者编造出一个近似于神话的骑士团历史（比如说，骑士团的历史久远，甚至可追溯至基督出现以前），反倒使得真实的历史更加扑朔迷离。事实上，最初的数十年里，医院骑士团的性质可能更偏向于修道院，而非军事团体。

最初的数十年里，医院骑士团的性质可能更偏向于修道院，而非军事宗教团体。

话说回来，耶路撒冷与普通城市不同。除了朝圣者，圣约翰医院的修士还医治伤兵。基督徒与周边地区的撒拉森人时有冲突，常有士兵受到伤害。当时圣城虽掌握在基督徒手中，但尚未牢固控制，而且东征打破了几个世纪以来的稳定状态。不管怎样，当时的医院修士们似乎仍忙于护理伤员，未与任何争斗扯上关系。

拿起武器的修士

当时耶路撒冷及其周边并不安全，圣约翰医院的修士们很快就发现，除了为基督徒提供医疗服务，还有必要为他们进出圣地提供保护。来自西方的捐赠使得医院资金充裕，于是在12世纪初，医院开始招募雇佣兵，护送朝圣的队伍来往于海岸之间。

上图：一座12世纪初修建的城堡，由雷蒙德（的黎波里的雷蒙德一世伯爵，约1041—1105）出资建造。

我们不知道修士拿起武器的准确时间。不过，医院骑士团作为军事组织的地位学界普遍认为是在12世纪30年代确立的。同样地，我们也不知道医院骑士团从一个修士团体变为一个军事团体的原因和方式，不清楚这种转变是无心插柳还是有意为之。

我们已经知道，这种转变对中世纪的人来说并不稀奇。医院骑士们欣然接受了奥古斯丁的正义战争理论。

骑士团迅速发展

医院骑士团是耶路撒冷“解放”的受益者。此刻，中东成为欧洲的关注点。在中世纪，由于宗教组织可以接受捐赠，许多达官贵人——不管是否直接参与东征——都迫切希望将自己的财富（包括遗产）用于增强基督教在圣地的军事实力。

这些人的儿子只要获得骑士的身份，就迫不及待地加入骑士团——入团时，他们通常会带来丰厚的财物。这些新团员不能马上为骑士团建功立业，但是他们对经济的贡献却立竿见影。经济上没有了后顾之忧，医院骑士团就可以将精力集中在他们的军事使命上了，毕竟这正是贵族新兵应征

下图：位于的黎波里圣吉勒斯的雷蒙德城堡，是圣地十字军防线中的一部分。

的理由，也是富人捐赠的目的。

医院骑士团走上军事道路后，便一发不可收拾。捐赠越多，骑士团的军事地位越稳固。

1136年，耶路撒冷国王富尔克（1131—1143年

在位）向骑士团捐赠了希伯伦附近的贝特吉布林城堡。这样的馈赠，医院骑士团不可能拒绝。

六年后，的黎波里伯爵雷蒙德二世（1137—1152年在位）将领地边界上一连串要塞悉数捐给骑士团，骑士团同样照单全收。雷蒙德的领地的黎波里（意为“三个城市”）位于现在的黎巴嫩，其领地边界大约在叙利亚境内，并非今天著名的利比亚港口城市的黎波里。

这些要塞包括十字军骑士堡、博奇堡、拉科姆、费利希姆和马达比奇，都是当时具有重要战略意义的军事要塞。雷蒙德自己也承认，他的慷慨不仅出于宗教虔诚，也有军事战略上的考虑：他需要帮助，抵御伊斯兰教的攻击，保卫自己的领地。骑士团还取得了城堡周围土地和村镇的所有权，这些土地和村镇包括巴林和拉法尼亚镇等，这些地区的商业贸易也为骑士团带来收入。医院骑士团从中看到了巨大的发展前景。

第 2 章

踏上征途

宗教骑士团要敬奉基督，但他们又常常沉溺于世俗，有时彼此争斗。

前页图：732年，查理·马特在普瓦提埃阻止摩尔人进军法国。西方基督教对伊斯兰教的敌意已经根深蒂固。

刚成立的那几年，圣殿骑士团发展势头很迅速，与医院骑士团形成竞争。这可能是医院骑士团加速军事化的一个因素。

1119年的复活节，一队朝圣者从耶路撒冷出发，前往基督受洗的约旦河岸，他们受到撒拉森人的攻击，一百多人惨遭屠杀。基督教内自然群情激愤，许多人觉得有必要做出直接回应。

保护朝圣者：圣殿骑士挺身而出

至少，那些远道而来，只为在圣地进行朝拜的信徒必须得到保护。在某种程度上，医院骑士团已经提供了类似的保护。但是，约旦河屠杀事件表

圣殿与真相

讽刺的是，圣殿骑士团因之得名的圣殿，实际上是穆斯林圣地之一阿克萨清真寺。基督教徒认为这里曾是所罗门圣殿，但没有证据；同样，说阿克萨清真寺旁的圆顶清真寺曾是希律王的第二圣殿，也没有证据。

耶路撒冷的圣殿山是犹太教和基督教共同的圣地。据传，穆罕默德曾

下图：位于耶路撒冷的穆斯林圣寺阿克萨清真寺，基督信徒认为这里是所罗门王在耶路撒冷的圣殿。

在圣殿山登霄，因而这里也是穆斯林心中的圣地。时至今日，来此参拜的各教派信徒依然络绎不绝。（当然，各教派对该地的争夺也异常激烈。）奇怪的是，十字军士兵与自己的同宗东正教闹分裂，却乐意将那些本属于异教的圣地，全部当作自己的圣地来尊奉。他们将一座晚近时期的清真寺，当作古代犹太人的神庙来膜拜，还根据其建筑式样来建造自己的教堂。圣殿骑士团在耶路撒冷和西欧其他地区建造的圣殿教堂，就以圆顶清真寺的穹顶（建在据说是穆罕默德登霄的岩石上）为设计基础。

明，他们仍缺乏足够的资源，提供保护的范围有限。在这关头，挺身而出的正是圣殿骑士们。以下是提尔的威廉对他们的描述：

> ……（他们是）高贵的骑士、忠诚的教徒，虔诚地信仰上帝，敬畏上帝，献身于基督的事业……他们承诺要过……安贫乐道的生活，发誓守贞，服从上帝。带领他们的是德高望重的雨果·德·帕英（约1060—1136）和戈弗雷·德·圣欧莫。他们既无教堂来供奉上帝，也无固定住处，是以国王恩准他们居住在其宫殿南侧的偏殿，毗邻所罗门圣殿。

圣殿骑士团由此得名。鲍德温二世（1118—1131年在位）的馈赠对于德·帕英这位圣殿骑士团的创始人和首任大团长来说，可谓解了燃眉之急。

据说，德·帕英和他的朋友，同为圣殿骑士团创始人之一的德·圣欧莫当时生活极为窘迫，两人不得不共用一匹马。这件事后来被铭刻在圣殿骑士团的徽章上。

上图：鲍德温二世将这座圣殿赐予雨果·德·帕英和戈弗雷·德·圣欧莫，作为圣殿骑士团的总部，“圣殿骑士”因此得名。

提尔的威廉接着写道，骑士团的目的是保护道路安全，使路人尤其是基督教朝圣者免受强盗和土匪的袭击。这样说来，圣殿骑士团与医院骑士团相似，后者的工作已不再限于服务病患。虽然两个骑士团有着相同的使命，彼此却很快展开了竞争。

两大骑士团的经济竞争

最初，圣殿骑士团和医院骑士团在实力上并不对等。不论德·帕英和德·圣欧莫共用一匹马的故事是否属实，它都反映了圣殿骑士团早期困窘的处境。因此，骑士团的首次行动不是军事出击，而是一次带有一定政治目的的活动，旨在树立骑士团的形象。德·帕英在西欧进行的首次骑士探险，目的是筹措资金。鲍德温二世的馈赠至关重要，骑士团从此不再居无定所，但想要发展壮大，只能依靠自身。

1127年，德·帕英展开了一段漫长的旅途，辗转于法国各个城堡，为骑士团筹措资金。次年，他来到英格兰，当时正值诺曼王朝时期。《盎格鲁-撒克逊编年史》中写道：

> 同年，……耶路撒冷的德·帕英来到诺曼底觐见国王；国王不仅对他以礼相待，还赐给他丰厚的金银财宝。之后国王将他送至英格兰，在那他会见了诸多达官显贵，获得各色厚礼，到苏格兰后也是如此。德·帕英满载金银财宝，回到了耶路撒冷。

骑士团将宗教和军事性质相结合，催生了一种独特的魅力。除了获得宗教上的捐赠，圣殿骑士团还吸引了很多当地退役骑士（有些只是对骑士抱有浪漫幻想的普通人）的捐赠。和医院骑士团一样，圣殿骑士团也受益于宗教骑士团这种独特的魅力。

下图：亨利·莱曼创作的德·帕英形象，展现了当时的异国情调。

庞大的关系网

在史学家看来，民族国家是一种现代现象，一些学者认为它始于19世纪。顾名思义，中世纪王国最重要的是君权和王位，它与其领地——比如说，苏格兰或法国——的关系是次要的，也比较松散。12—13世纪大部分时间里，统治现在的法国大片领土的就是英格兰的金雀花王朝。亨利二世（1154—1189年在位）事实上出生于勒芒（位于现在法国西北部的卢瓦尔）地区。继承亨利二世王位的是他的儿子理查一世（1189—1199年在位），他逝世于法国阿基坦地区的沙吕斯堡，后半生的大部分时间他都在此居留。

中世纪的欧洲虽尚未出现真正的民族国家，但由于信奉同一种宗教——基督教，西欧逐渐发展出一种文化共同体，在这一地区的人群中形成了文化认同感。对于雨果·德·帕英来说，在发展骑士团时，不管是最初的筹款行动，还是之后骑士团的治理，都需要将欧洲作为一个整体，进行全盘考虑。

因此，圣殿骑士团在欧洲广泛建立分部，根据使用的语言，分部达到十个之多。欧洲分部包括英、法、葡萄牙和匈牙利等，中东分部则有耶路撒冷、安条克和的黎波里等，每个分部设有自己的大教堂和团长。

在筹款和征募骑士上，德·帕英两手都抓。在他的鼓动下，不仅上了年纪的人慷慨解囊，踊跃捐款，天性热情、热爱冒险的年轻人更是纷纷应征入团。《盎格鲁-撒克逊编年史》记载："他邀请人们前往耶路撒冷，于是跟随他的队伍日渐壮大，其人数之多，为教皇乌尔班二世时期第一次远征以来之最。"

按照当时惯例，有志于教会事业的富家子弟，在加入修道院时会带来一笔捐款。圣殿骑士团的新团员也遵循这一惯例。不消说，这些来自贵族

右图：随着时间的推移，圣殿骑士团早期的贫困只具有象征意义。伦敦圣殿教堂的一尊雕像，展示的是德·帕英和德·圣欧莫共用一匹马的形象。

阶层的年轻人家境往往非常富裕。通过这样的方式，圣殿骑士团积累了巨额的财富。《盎格鲁-撒克逊编年史》的作者甚至认为，德·帕英其实诓骗了英国人。他谎称与阿拉伯人的战争即将打响，让英国人不仅乖乖掏出大笔钱财，还与儿子分离。事实上，战争当时尚未打响。

圣伯尔纳的支持

作为新生代的骑士组织，圣殿骑士团不仅从传统的骑士阶层那里获

教皇的谕令

教皇英诺森二世（1130—1143年在位）的一道谕令给圣殿骑士团带来无量的前途。这道名为“应该给予所有最好的”的谕令允许骑士团保留自己的财产，并且不必向所在地纳税。

不仅如此，几年后教皇西莱斯廷二世（1143—1144年在位）又发布了《圣殿战士》谕令（1144），允许骑士团对教会人员实施保护，拥有收税的绝对权力，可以进行资金筹措。西莱斯廷二世的继任者尤金三世（1145—1153年在位）也发布了一道《上帝的战士》谕令（1145），允许圣殿骑士不受地方教会的管辖，有权建造自己的教堂，可从教区收取什一税和丧葬费用。

下图：一份手绘稿中的教皇英诺森二世。在他的特许下，圣殿骑士团只需听命于罗马教廷。

得了极大的支持，也受到了教会更多的关注。明谷的圣伯尔纳（1090—1153）就是一名突出的圣殿骑士团拥护者。他不仅于1129年在特鲁瓦会议上帮助圣殿骑士团获得合法地位，还代表教皇霍诺里乌斯二世（1124—1130年在位），协助制定了骑士团的团规。几年后，他在一篇颇有影响的文章《新骑士颂》（约1136）中，记录了自己关于圣殿骑士的思考（极力讴歌圣殿骑士的美德和品行）。

圣伯尔纳显然志不在沙场，他当时正忙于在教会中进行一场和平的重大改革。但同时，他也很是认同十字军东征的梦想。鲍德温二世曾托德·帕英给圣伯尔纳捎来一封信，信中称，圣地需要的不是“颂唱或号哭的修士”，而是骁勇的士兵，圣伯尔纳深以为然。

圣伯尔纳显然志不在沙场，他当时正忙于在教会中进行一场和平的重大改革。

左图：埃尔·格列柯的一幅画作，传神地表达了圣伯尔纳对简朴生活的追求，他是圣殿骑士团早期颇具影响力的拥护者之一。

圣徒的支持

1118年，圣殿骑士团成立的同时，圣伯尔纳建立了他的第一个修会。他将掀起一场修道院改革运动。

茂来斯木修道院的圣乐伯（1028—1111）在法国东北部第戎附近的西多创建了一个修会，意图复兴本笃会的修道原则。但一些年轻修士认为，修会如果规模过大，过于富有，会妨碍修士真正修得谦逊勤奋的品格。

于是在1115年，圣伯尔纳带领一小群志同道合的修士出走，在奥贝地区明谷一个人迹罕至的地方，建立了一个新的修会，以劳作和祈祷为修会原则。修会的生活严格遵守既定的时间，礼拜间隙修士还需进行学习和繁重的生产劳动。1118年，修会正式成立，为纪念故地西多，故名为西多会。

西多会的会规与本笃会大同小异。这并非巧合，西多会的建会目的就是让修道回归本源。当时许多修会通过农业和其他产业的积累，以及源源不断的教友捐赠，积累了可观的财富，修士们似已把谦逊简朴的德行抛在身后了。

圣伯尔纳给予骑士团重要的精神支持，成为圣殿骑士团一位颇具影响力的盟友。他的宗教思想在骑士团的规章中有非常明显的体现。

下图：1118年，圣伯尔纳带领同伴在明谷建立了新修会，此地遂成为重要的修道院中心。

当然，圣伯尔纳同样考虑到圣殿骑士对于教会的作用。能平静安详地祷告自然是最理想的，可它并不适合所有人。圣伯尔纳认为，德·帕英领导的骑士团价值不可估量，可以引导血气方刚、鲁莽好斗的年轻贵族子弟为教会服务。

圣殿骑士团也好，医院骑士团也好，其成员首先是骑士，其次才是教徒。而身为骑士，需遵守一定的规章和礼仪。只有骑士——正式受封过的——才能申请加入这两个骑士团。因此，骑士团成员的行为准则是骑士准则和本笃会会规的奇妙结合。

圣殿骑士的团规为更多人所了解，医院骑士团的会规应该与之差别不大。入团的骑士必须绝对服从命令（相当于放弃个人的意愿），这是圣殿骑士团首要的团规。虽然看起来有些极端，但不管从修道还是军事的角度而言，这一点都很有必要。修士为了教区的利益必须压抑自我意识，服从修道院长的指示，而士兵也必须服从指挥官。

教会从上（教皇）至下下达命令，形成一个链条。在圣殿骑士团的团规中，有一条与基督给予弟子彼得的教诲相呼应：

> 凡是主人吩咐的事，不能迟疑，不能拖延，就如同对待主上的吩咐那样。

身着白袍、朴素谦逊的圣殿骑士

圣殿骑士本质上是武装的骑士，因此生活不能过于安逸。入团后，打猎或驯鹰之类的娱乐就得舍弃，还必须遵守教会的习俗。例如，骑士不能留长发，需像修士那样剃发。[1] 这一规定结合了军事的实用主义和谦逊品德。

---

① 神职人员领受圣职时举行过剪发礼，即剃光头顶。——译者注

右图：圣殿骑士朴素的白袍，代表他们追求的是道德上的纯洁和生活上的简朴。

精美时髦的华服显然与圣殿骑士的生活格格不入，朴素的长袍才与骑士相称，战袍也如此。其他骑士团的武器，剑、狼牙枪和盾牌等，皆装饰华丽，上面还刻有团徽，但圣殿骑士团没有。其他骑士团的骑士盔甲锃亮，上有精美的装饰，斗篷色彩艳丽，战场上的形象光彩夺目，但圣殿骑士没有。他们仅着白色披风，暗示他们的品德纯洁，摆脱了一切虚荣的束缚。（他们身着白袍时是无比自豪的。）

另外，骑士还须抱朴守拙，言谈不能显露锋芒，言语须谨慎，“行为须端庄谦恭，不妄言笑”。他们认为多言多语本身就是一种罪过，因为这是虚荣的体现。倾听更有价值。用餐时间和礼拜时间一样，须安排细致，且受严格监管。用餐本身是宗教仪式，不能用于社交聚会。

团规明文规定：不近女色

如前文所述，神职人员的禁欲最初是自愿的，作为一项严格的规定是后来的事情。按照传统，骑士应该是一个女性忠实的侍从和守护人，但也要警惕女人的温柔和诡计。因此，圣殿骑士团有一条团规，提醒团员提防老对手魔鬼屡试不爽的“武器”——女性：

> 正因为有了妇人的陪伴，许多人偏离了可以直通天堂的大道，就此误入歧途。亲爱的兄弟们，你们将贞洁保持至今，从现在起，请让这个习俗传承下去吧。

为了充分传达这条团规的精神，作者在规章末尾总结时，再次强调（现代心理学家可能从中感受到某种焦虑）：

> ……凡已献身宗教者，若过多关注女子是危险的；因而无论其婚姻状况、亲疏远近，皆不可冒昧亲吻。女子的亲吻总是将人拖入危险之境。作为基督的骑士，应避免此种状况。如此这般，我们终将带着纯洁的良知与上帝相见。

神秘的入会仪式

后来，圣殿骑士团神秘的入会仪式遭到某些人的质疑，由此掀起了一

上图：弗朗索瓦–马里尤斯·格拉内的画作，表现的是圣殿骑士团末任大团长雅克·德·莫莱的入会仪式，大气磅礴。

场血雨腥风。在崛起的头几十年里，骑士团处于兴盛发展的时期，对入会仪式实行保密，增加入会仪式的神秘感，这对他们有好处，但也引起诸多猜疑。不过，种种迹象表明，入会仪式其实非常简短。

入会时，新会员须跪在大团长的脚下宣誓，大团长则再次强调守贞的重要性。新成员腰系一条长绳，以示他的身体从此与性隔绝。

除了守贞，新成员还须履行其他义务，表明已舍弃小我，完全献身于骑士团。大团长如是告诫新团员：

> 亲爱的兄弟，你请求入团，若是为了荣华和富贵，皆因你不明就里。你看着我们有上好的马匹和马具，吃穿用度也样样精美，各色齐备，便以为能和我们一起过安逸的日子。殊不知我们须得遵守严苛的规条。尤其像你这样的年轻人，本可无拘无束，很难甘愿顺从别人，为其奴役。

之后，新成员将手放在《圣经》之上，发誓服从上级命令，用生命为圣地而战，过清贫守贞、谦逊恭顺的生活。新骑士需承诺，绝不买卖圣职或参与同性恋行为，违者终身监禁。

新骑士还需承诺，绝不泄露骑士团的秘密。正是这个誓言激发了大众的好奇心。我们没有理由怀疑，圣殿骑士团在其早期生涯中有任何重大秘密——团员需保守的不过是些普通的秘密。然而，在随后的几个世纪里，随着骑士团权力和财富的扩张，人们对骑士团的关注越来越多，对他们秘密的兴趣也与日俱增。

圣殿骑士的日常生活和修士的生活一样，都非常清苦。的确，这两种生活方式类似，圣殿骑士团其实就是遵循本笃会规的作息时间。

两者也有所区别。早课后圣殿骑士需要照料马匹，而不能抽空睡上几个小时。另外，他们的学习和劳作时间都用于军事训练。当然，一旦进入

上图：古斯塔夫·多雷为但丁名著《神曲》画的插图。图中同性恋者因违反道德，被倒置埋葬。

圣拉撒路骑士

大约在1118—1119年，圣殿骑士团成立的同时，另一个宗教军事修会也成立了。其创立者是耶路撒冷王国最大麻风病院的护理人员，因此得名圣拉撒路骑士团。这跟《圣经》中一个著名的寓言故事有关。浑身生疮的拉撒路躺在财主的门外，无人帮助，受人唾弃，死后却被天使带走升入天堂，而财主死后则在阴间受苦。拉撒路由此成了麻风病人的守护圣人。

下图：一名圣拉撒路骑士。

1142年，圣拉撒路骑士团获得耶路撒冷国王富尔克的认可，但直到1255年，他们作为正式骑士团的地位才为教皇亚历山大四世（1254—1261年在位）承认。骑士团建立了数个医治麻风病人的医院。骑士团成员一开始来自医院护理人员，后来病人也加入进来。12世纪中叶，鲍德温四世成为他们的榜样——这位国王证明，即使身患麻风病，也能成为英雄。

圣拉撒路骑士团的战功，我们知之甚少。不过它在保卫阿卡城以及1291年的阿卡围城战中发挥了作用，这是大家公认的。阿卡城沦陷后，骑士团在塞浦路斯成立分部，他们修建的医院从那里一直延伸至欧洲大陆。

战时状态，这个作息时间也无法严格遵守。但在平常，圣殿骑士尽量维持比较严格的祷告和礼拜制度。医院骑士团很可能也有类似的制度。

重型骑兵

从战术角度来看，圣殿骑士和医院骑士就是我们现在所说的重骑兵。他们是战争中的突击部队，圣殿骑士团在蒙吉萨战役中扮演的就是这个角色。这意味着他们通常需要土耳克伯佣兵（轻骑兵）和步兵的支持。

左图：十字军士兵在战斗前祈祷，骑士团兼具宗教和军事职能。

骑士团团旗

圣殿骑士团的团旗为黑白两色——白色象征骑士对基督的虔诚，黑色则象征他们将给基督的敌人带来厄运。白底上还带有红十字标记。后来，由于马耳他岛与圣殿骑士团的渊源，这种红十字被称为马耳他十字。

现代人并不熟悉医院骑士团的团旗，它的底色是鲜红色，将旗上的白色十字架衬托得格外醒目。今天圣约翰医院骑士团仍然使用该旗帜，这是一个略显神秘的天主教世俗修道骑士团，其历史可以追溯到医院骑士团，现主要从事慈善事业。

这些人因阶层或背景原因无法加入骑士团，他们与骑士团关系松散，不受骑士团誓言或纪律的约束。普通百姓也被雇来担任城堡长之类的专门职位。

新的十字军东征

“真正的信徒，会与身边的异教徒作战，对待他们毫不留情。”这是希沙姆一世（788—796年在位）在科尔多瓦大清真寺留下的铭文。这位伊斯兰教统治者的观点与基督教统治者不谋而合，而今后者依然是伊比利亚半岛的实际统治者，控制其北方大部地区。

自7世纪末以来，穆斯林多次跨过直布罗陀海峡，在普瓦提埃战役（732）之前就已经侵入法国。接下来的几个世纪里，西班牙通过战争一步步复国。“收复失地运动”（重夺摩尔人占领的领土）是西班牙复国的第一步。收复失地运动历经多次战争，个中局势风谲云诡。

上图：722年，佩拉约在阿斯图里亚斯勇敢地对抗撒拉森人。

后来，收复失地运动逐渐带上了十字军东征的色彩，成为中东地区战争的延续。①收复失地运动的战争早就打响②，早期战争主要关乎基督教国家的生死存亡，但后期逐渐掺杂了基督教内部的权力斗争。8世纪中叶，摩尔人几乎占领了整个伊比利亚半岛。穆斯林成为这里唯一的征服者。

不过，西班牙人希望尚存。722年，西哥特王

① 广义的十字军运动除了十字军东征，也包括西班牙的收复失地运动，即十字军南征，和条顿骑士团发起的北方十字军运动。——译者注

② 718年的科瓦东加战役被视为收复失地运动的开始。——译者注

国贵族后裔佩拉约（722—737年在位）在科瓦东加战役中取胜，他控制了阿斯图里亚斯山脉周边地区，并建立了阿斯图里亚斯王国。至少在此地，基督教在西班牙的影响得以留存。

不仅如此，随后一段时间里，阿斯图里亚斯王国还扩张了领土。910年，阿斯图里亚斯一分为二。一个王国叫加利西亚，在西部；另一个王国以莱昂为中心，与之毗邻的是卡斯提尔王国。11世纪，两个王国合并为卡斯提尔与莱昂王国。法兰克人入侵比利牛斯山脉后，又在王国以东地区建立了纳瓦拉、阿拉贡和加泰罗尼亚等王国。尽管这里小国林立，且除了和摩尔人的矛盾外，彼此之间的斗争亦相当激烈，但整个西班牙北部当时都处在基督教的控制之下。

经历漫长而又痛苦的斗争后，基督徒逐渐收复了自己的领土。不过，直至1100年，安达卢西亚、瓦伦西亚和葡萄牙南部仍然掌握在摩尔人手中。大约在1145年，卡拉特拉瓦骑士团在卡拉特拉瓦·拉维耶亚城堡成立。城堡位于卡斯提尔-拉曼恰的雷阿尔城以北。骑士团英勇抗敌，帮助阿方索七世（1126—1157年在位）从摩尔人手中夺取了卡拉特拉瓦这座战略要塞，因而得名。

在随后的几年里，卡拉特拉瓦骑士团接连取得重大胜利，获得了卡斯提尔、莱昂和阿拉贡国王奖赏的土地和丰厚的财物。就像医院骑士团和圣殿骑士团一样，卡拉特拉瓦骑士团也积极打造自己的关系网络，积聚权力和财富，不过它的活动范围多限于本地。

葡萄牙的骄傲：阿维斯骑士团

1146年，葡萄牙的一群骑士建立了自己的骑士团——阿维斯骑士团，以对抗伊斯兰教的势力。与卡拉特拉瓦骑士团一样，阿维斯骑士团也是因从摩尔人手中夺取的一座重要堡垒而得名。1162年，他们以本笃会规章为基础，制定了自己的规章，管理骑士团的日常事务，于是得名阿维斯的圣本笃骑士团。

阿维斯骑士团的地位很快得到了阿方索一世（1139—1185年在位）的承认。阿方索一世开创了阿方索王朝——葡萄牙作为独立国家的第一个王朝，是以阿方索一世也是葡萄牙的开国之君。阿方索一世领导葡萄牙独立，目的是反抗卡斯提尔和莱昂的统治者。他认为，在维护葡萄牙人的爱国热情和自豪感方面，阿维斯骑士团可以发挥至关重要的作用。他任命父亲的私生子（他同父异母的弟弟）佩德罗・恩里克为首任大团长。

阿方索一世急于扶持阿维斯骑士团。1166年从摩尔人手中夺回埃武拉后，他将该地所有的土地和地租都赠送给了阿维斯骑士团。自那时起，骑士团的成员也被称为埃武拉的圣母修士。

右图：阿方索一世的雕像。他领导了葡萄牙独立运动，反抗摩尔人和西班牙卡斯提尔王国的双重统治。

第 3 章

鏖战中东

十字军在中东遭遇了一连串的挫败，与之共赴沙场的宗教骑士团自然也难逃厄运。不过，如果他们没有被挫折打倒，他们将会变得更强大。

此时，埃德萨伯国陷落于赞吉王朝，中东地区的十字军国家遭受重创。摩苏尔（今伊拉克境内）的土耳其阿塔贝格伊马德丁·赞吉（1127—1146年在位）击败了撒拉森阵营中的几个竞争对手，成为阿勒颇、霍姆斯和哈马等地的统治者。1144年，他将注意力转向占领中东的异教势力。围攻4个月后，埃德萨沦陷，对基督教欧洲的皇室和教会上层来说，这是一个巨大的耻辱，直接促成了第二次十字军东征。

前页图：古斯塔夫·多雷创作于19世纪的作品，圣殿骑士雅克·德·梅勒在第二次十字军东征中阵亡。

为埃德萨复仇

第二次十字军东征同样是在教皇的号召下发起

上图：圣伯尔纳唤起第二次十字军东征的热情。

的，当时的教皇是尤金三世。与他的导师圣伯尔纳一样，尤金三世热爱和平，但对十字军东征却又抱有巨大的热情。很多资料显示，圣伯尔纳认为，这位门生为人诚恳，值得尊重，但完全不适合教皇这样一个责任重大、威严可畏的职位。不过，他依然在精神上支持尤金三世新的东征大计。

1146年复活节，成千上万的人涌向勃艮第的弗泽莱，聆听这位舌灿莲花的导师发表演讲，当时的场面堪比半个世纪前乌尔班二世演讲的盛况。圣伯尔纳走遍欧洲大部分地区，向基督徒发出东征的号召，所到之处，听者无不为之亢奋。同年12月

重大会晤

1147年4月，教皇尤金三世和路易七世亲往巴黎圣殿教堂，与时任圣殿骑士团大团长的法国人埃弗拉德·德·巴雷斯及手下共商东征大计。各方一致同意，东征由圣殿骑士团主导。作为嘉奖，教皇特批骑士团的纯白披风上添加鲜红色十字架，红十字架从此令人联想到十字军骑士。

路易国王也不甘落后，授予骑士团征收和使用法国税收的权利，以提供东征所需资金，此举使得圣殿骑士团的影响渗透至法国国库。（圣殿骑士团对法国财政的控制不断加大，甚至让人恐慌，对骑士团的猜忌也随之滋长。当然，这是后话了。）

此外，各方还同意德·巴雷斯负责与拜占庭皇帝曼努埃尔一世·科穆宁（1143—1180年在位）进行谈判，说服拜占庭皇帝同意将君士坦丁堡作为东征大军的驻扎营地。

下图：教皇尤金三世、路易七世和法国的圣殿骑士在巴黎会晤，谋划第二次十字军东征。

27日，他在施派尔大会上发表了慷慨激昂的讲话，德意志国王康拉德三世（1138—1152年在位）当即表示，愿共谋东征大计。

法国国王路易七世（1137—1180年在位）并非受到教皇的感召，而是出于内疚加入东征队伍的。1142年，他违抗英诺森二世的旨意，与香槟伯爵西奥博尔德二世（1137—1152年在位）交战。他的行为令人发指，他对维特里-勒-弗朗索瓦进行了残酷的围攻，烧毁了一座教堂塔楼，致使藏身楼内的上千名平民全部遇难。路易的罪行残忍血腥，可以说是对神明的亵渎，按照神明的旨意，正义必须得到伸张。他自己也认为理当如此。圣伯尔纳在弗泽莱的演说更使他深信，此次东征将是他赎罪的良机。

第二次东征惨淡收场

康拉德的军队准备停当，先于法军从君士坦丁堡经陆路出发，但1147年在土耳其南部的多利莱坞姆遭遇惨败。康拉德余部与路易的军队会合。路易经海路安全抵达以弗所，但前路艰难，连绵的山脉横亘在军队与圣地之间。军队骑士身披重甲，步兵行动迟缓，崎岖的地形又放缓了行军速度，整个军队很容易成为塞尔柱帝国轻骑兵的攻击目标。

圣殿骑士团将路易的军队从绝境中拯救出来——更准确地说，减少了路易的损失。话说回来，使整个法军免于覆灭，本身就已是胜利。埃弗拉德将军队分割成小支队伍，每个支队由一队圣殿骑士带领。各圣殿骑士分队凭借顽强的意志、铁一般的军纪，硬是将整个军队安全带至安塔利亚南部海岸。

此时他们离目的地尚有一段距离。对于少数人而言，可以在前来接应的拜占庭舰队船只上找到一方容身之处。其余的人只能继续行军至圣地，大量人马在途中丧命。

抵达圣地时，十字军人数锐减（士气也十分低迷）。而且，这支到达圣地的新军与当地的十字军之间冲突不断，因制订最终战争目标争吵不

上图：1147年，康拉德三世惨败于多利莱坞姆，导致第二次十字军东征以失败收场。

休，最后虽达成协议，但结局却是致命的。大马士革围城战（1148年7月）开始不过数日，沙漠的酷热干燥就令十字军士兵苦不堪言，此时封锁线甚至还没开始发挥任何作用。十字军整体作战混乱无序，围城最终功亏一篑。撤退以令人耻辱的方式开始了，损失却还在进一步扩大。

战败的后果非同小可。如果此次东征一无所获，发动并指挥这场灾难性围攻的耶路撒冷王国，就会完全失去人们的信任。提尔的威廉对此忧心忡忡。作为耶路撒冷最重要的主教之一和鲍德温四世的导师，威廉对王国的忠诚毋庸置疑，他觉得

右图：1148年的阿卡战时会议，会上策划发动对大马士革的围攻。画作以一种风趣的笔触，生动描述了围城战。围攻以惨败告终。

此刻王国的权威遭到了严重的破坏，欧洲的基督教英雄们已大失所望。提尔的威廉悲叹：

> 这样的王公贵族，为了我们齐聚一堂。他们地位之显赫，真是前所未有，全是因为我们的罪过，他们才被迫无功而返，蒙受羞愧和耻辱。

现代读者可能不会像威廉那样，急于把大马士革围城战的失败归咎于耶路撒冷的“罪孽”，但这次战役中，耶路撒冷王国确实没能为自己赢得荣耀。威廉担忧，留在东方的欧洲十字军“不会再信任我们的王子了”。这时候，他们对于东征的所有规划不仅相当谨慎，且疑虑重重。

> 即使回国后，他们还会时常想起所受的伤害，就会把我们的王子视作邪恶之人，对他深恶痛绝。

十字军东征的理想已成明日黄花，无人再提。

十字军东征的理想已成明日黄花，无人再提。

> 至于没有亲临现场的人，也会受到他们的影响，忽略我们的王国。如此一来，朝圣的人便越来越少，朝圣的热情也会渐渐消减。

衰落的欧洲和日渐强大的圣殿骑士团

德·巴雷斯垂头丧气地回到法国，此后过着平静的生活，每日或冥想，或做做祷告。不过几年后，这种生活就结束了。他的部下留在圣地，与医院骑士团一起负责巡防“海外领地”的边境。“海外领地”是当时对十字军国家的称呼。

姜是老的辣

12世纪50年代初期，耶路撒冷王国陷入内战。内战于1152年正式爆发，斗争的焦点是鲍德温三世和他的母亲梅利桑德（1105—1161）到底谁能说了算。

鲍德温三世的外祖父鲍德温二世于1131年去世，当时他尚在襁褓，王位传给了梅利桑德的丈夫（即鲍德温二世的女婿）富尔克国王。这其中颇有隐情。梅利桑德未出阁时，是个生气勃勃的女子，也是鲍德温二世看中的（她显然也认为自己是）王位继承人。但大家都认为她应当有个夫婿，于是她与富尔克结合。她父亲仍然渴望巩固梅利桑德的权力，因此他去世前，指定她为儿子的唯一监护人。这场婚姻很快就变成一场权力斗争。

富尔克最终胜出。必须承认，富尔克是一位成功的国王，耶路撒冷王国在他统治时期达到鼎盛。1143年富尔克去世时，鲍德温三世13岁——他的侄子鲍德温四世在这个年纪已登基执政。当时梅利桑德摄政，大权紧握，拒绝还政鲍德温三世。后来，鲍德温三世羽翼渐

右图：比利时布鲁日圣血大教堂的彩色玻璃镶嵌画，展现了鲍德温三世的形象。

丰，为了维护自己的合法权利，他不得不与自己的母亲开战。

双方展开了一场恶斗。战争结束后，鲍德温三世设法与母亲重归于好，确保母亲成为自己最亲密的盟友。不管母子之间发生什么，他知道母亲的经验和智慧不可或缺。毕竟姜还是老的辣。

圣殿骑士团建造了数座军事防御城堡。在北部，他们打造了一条漫长而坚固的防线，防线中心是重建后的拜占庭时期的堡垒，位于阿曼努斯山脉的巴格拉斯。在南部，他们加固了鲍德温三世（1143—1163年在位）时期建造的城堡。该城堡是几年前为击退埃及的伊斯兰军队而修建的。医院骑士团也展开了修建十字军堡垒的工作，其中以骑士堡最为著名。

从表面上看，这一时期波澜不惊，但是我们有必要探究平静的表面下经济因素带来的影响。建造如此大规模的防御工事，已远远超出了十字军国家的经济承受能力。医院骑士团和圣殿骑士团凭借当地和欧洲房产带来的收益，还有不断涌入的宗教捐款，填补了这一资金缺口。同时，两大骑士团也在增强自身的影响力、威望和权力，逐渐打造自己的无形帝国。

这一时期，欧洲历史以屈辱、挫折和失败为主旋律，但是军事骑士团的地位却不断提升。第二次十字军东征是一场悲剧，圣殿骑士团拯救路易军队于水火，带领大军跨过连绵的山脉，但是大马士革的关键决策，圣殿骑士团并未参与。君王们一次又一次的策略失误，成就了一个日渐强大的圣殿骑士团，耶路撒冷王国的内战更是进一步壮大了骑士团的力量。

圣殿骑士团不费吹灰之力就取得了政治红利，这没有逃脱当代评论家的法眼，为此提尔的威廉对他们也颇多非议。中东地区的十字军一直缺乏

“打开基督圣地之门的钥匙”——骑士堡

骑士堡的外形正是人们心目中中世纪城堡的形象。城堡坐落于塔尔图斯城外，这里是叙利亚的荒漠地带，地势崎岖不平，城堡就建在一块地表凸起处的顶部。几个世纪以来，医院骑士团一直是城堡的主人，因此得名医院城堡（名字可能来自阿拉伯语，有“要塞”之意）。不过，19世纪的历史学家颇具浪漫主义想法，认为这个名字与其军事特点不相称，于是将其改为现在的名字——骑士堡。

城堡雄伟壮观，俯瞰的黎波里和霍姆斯之间的主要通道，具有重要的战略意义。城堡能容纳多达2000名士兵，可储存足够城堡兵力维持两年的粮草。医院骑士团对城堡进行了大规模休整扩建，使之成为匈牙利国王安德烈二世（1205—1235年在位）口中的“打开基督圣地之门的钥匙”。

城堡历经多次战争，一直到13世纪末十字军运动最终失败，才被废弃。不幸的是，这座城堡还卷入了现代战争的漩涡，在最近的叙利亚内战中遭受了严重的破坏。

上图：骑士堡是标志性的中世纪十字军城堡，坐落在叙利亚塔尔图斯城外，这里经历过多次血腥的战争。

稳定的核心，这种状况反过来，又极大提升了圣殿骑士团的地位。

追杀阿萨辛

的黎波里伯爵雷蒙德二世是圣殿骑士团一位相当慷慨的施主。1149年，他将阿拉玛城堡赠予骑士团。1152年，他遭到暗杀，圣殿骑士团为他报了仇。骑士团自此又增加了一条财路，也借此提升了自己的声望。

暗杀雷蒙德二世的是阿萨辛刺客。阿萨辛派是伊斯兰教什叶派的一个神秘教派，其教义包含伊斯兰教立教以前出现的一些宗教元素。阿萨辛派经常暗杀对手的首领，因此我们现在使用“assassin”一词指称暗杀者。阿萨辛派的暗杀名单也包括许多伊斯兰教逊尼派的首领。雷蒙德对的黎波里及其周边地区的穆斯林实行严酷的统治，自然成了阿萨辛派的暗杀目标。

雷蒙德被暗杀后，圣殿骑士团杀死了阿萨辛派的头目，并每年向阿萨辛索取丰厚的贡金——实质上就是保护费。

围攻阿斯卡隆

德·巴雷斯的继任者伯纳德·德·托米莱（1149—1153年在任）大体上保持了这种以退为进的发展策略。这段时期，圣殿骑士团在军事行动上取得的最大胜利，是1153年的南部边境要塞城市阿斯卡隆围攻战，圣殿骑士团在此役中大放异彩。

阿斯卡隆防守极为严密，守军意志也很顽强。1148年第二次十字军东征时，康拉德三世也对该城进行了围攻，但以失败告终。这座城市对法蒂玛王朝的重要性毋庸置疑，它不仅是重要的商业中心，还具有重要的战略意义，控制着从东部进入埃及的陆路交通。

1153年1月，鲍德温三世的军队抵达阿斯卡隆，他们面对的是一座固若金汤的城池。提尔的威廉如此描述道：

> 城墙、堡垒、塔楼、碉堡，一应大小军事，均牢不可破。武器和粮草储备之充分，令人无法想象。当地百姓善用各种兵器，人数自始至终都双倍于我们的军队。

伊斯兰教守军有恃无恐，竟敢在夜间派出小分队，不断骚扰帐营里的十字军士兵，打得他们心里直嘀咕，分不清到底是自己还是阿斯卡隆人遭到了围攻。十字军耗费多日打造的巨型攻城装备，瞬间被烧成飞灰。等

法蒂玛王朝的衰落

第二次十字军东征以惨败收场，成为一场可怕的闹剧。撒拉森一方也有自己的问题。西方史学家认为，赞吉夺取埃德萨伯国对于十字军是一次毁灭性的打击，这个观点完全正确。凭借这场胜利，伊马德丁·赞吉在历经多年伊斯兰教内部派别纷争后，最终使王朝实力达到鼎盛。和基督教国家一样，伊斯兰国家的领袖和王朝也是不断更迭。当时，埃及的法蒂玛王朝由盛转衰。

法蒂玛王朝崛起于10世纪初叶。欧贝杜拉（909—934年在位）在北非建立了一个哈里发国。欧贝

上图：法蒂玛王朝的哈里发哈基姆的画像。

待十字军的还有另一场灾难。围城已有数月，阿斯卡隆的防守依然毫无破绽。停泊在近海的基督军队船只，很快被法蒂玛舰队赶走，而且暴露了十字军的行踪，让他们陷入围困。另一边，阿斯卡隆却获得了新鲜的补给。

十字军的封锁还在持续。阿斯卡隆庞大的守军虽然实力强悍，却要消耗大量的粮食，困在城里的人也承受着巨大的心理压力。他们没料到十字军如此顽强，虽然因失利而气馁，但依然坚守阵地。

随着复活节的临近，新的基督教朝圣者涌入圣地。许多人选择留在

杜拉自称穆罕默德的爱女法蒂玛的后裔，故立国号为法蒂玛。法蒂玛王朝治下的伊斯兰帝国的疆域，从现在的摩洛哥一直延伸到埃及的红海海岸，首都开罗雄伟壮观。

法蒂玛王朝与其他伊斯兰教国家不同，信奉的是伊斯玛仪什叶派。第六任哈里发哈基姆（996—1021年在位）奉行严苛的宗教政策，大力镇压其他宗教。

哈基姆去世后，留下了一个四分五裂、实力严重削弱的王国。虽然一息尚存，但王朝的实力和权威已然土崩瓦解。1099年第一次十字军东征时，法蒂玛王朝派遣了一支军队前去协助保卫耶路撒冷，但在阿斯卡隆被十字军截击。现在，阿斯卡隆即将见证基督徒的又一次胜利。

下图：11世纪的一幅画作，图中为两名法蒂玛王朝士兵。

上图：15世纪法国画家让·科隆布的作品，表现了阿斯卡隆围城战。

阿斯卡隆，为信仰而战，这给围城的十字军带来了新的希望。阿斯卡隆守军被当头泼了一盆冷水，他们原本以为围城即将结束。

围城成为僵局，给双方都带来巨大的压力。十字军一方虽然有了大量援军，但没有取得突破性进展。事实上，双方均没取得任何实质性的进展，此时心理战尤为重要。到了8月，围城已达七个月之久，鲍德温三世打算收兵，就此罢休。通过史料我们知道，医院骑士团的大团长及其部下，说服了鲍德温三世放弃这一决定。大团长拥有一个响当当的名号——普罗旺斯的雷蒙德·杜·皮伊（约1121—1160年在任）。一切尚在掌握之中，他们力劝国王继续围城。

上图：普罗旺斯的雷蒙德·杜·皮伊，他在阿斯卡隆围城战中发挥了非常重要的作用。

引发争议的勇气

在阿斯卡隆一役中，医院骑士团只是担任顾问的角色——当然，事实证明他们的建议至关重要——但圣殿骑士团发挥了更为重要的作用。根据当时的记载，圣殿骑士首先发动进攻。围城接近尾声时，城墙终于出现了一个狭窄的缺口，一队圣殿骑士冒着刀光剑影冲了进去。

一位当时的编年史家记录了阿斯卡隆这个城市的覆灭。他如此描述此战中的圣殿骑士：

沾血的金钱

坎特伯雷大主教圣托马斯（全名托马斯·贝克特，1162—1170年在任）是中世纪英格兰最著名的圣徒之一。在乔叟的《坎特伯雷故事集》中，坎特伯雷朝圣者去的正是他的墓地。

贝克特的遇刺是英格兰历史上的著名事件。据说，他是被国王亨利二世（1154—1189年在位）下令秘密杀害的。（传闻国王高喊："谁能帮我摆脱这个胡闹的修士！"忠心耿耿的朝臣们心领神会，替国王料理好之后的一切事情。）[1]此事震惊了整个基督教世界，亨利对此也深感愧疚。

亨利同意支付200名耶路撒冷圣殿骑士的费用，以示赎罪。他也对骑士团在英国的活动表示了（完全自发的）关注。1185年，圣殿骑士团的英国团长被授封为"第一男爵"，可以出席议会。同年，他们的新总部圣殿教堂在伦敦落成。据说亨利本人曾在圣殿教堂做过礼拜。

和多数圣殿教堂一样，伦敦圣殿教堂为圆顶教堂。其设计仿照耶路撒冷的圆顶清真寺，这是（基督教徒认为的）真正的圣殿。13世纪，圆顶教堂旁又增加了一个长方形圣坛。

[1] 贝克特与亨利二世长期交恶。1170年，两人再起冲突，亨利彻底被激怒。12月，在坎特伯雷大教堂，贝克特遭四位骑士刺杀身亡。——译者注

这支军队来自圣殿的兄弟会。领头的指挥官带领部下冲进城去，在部下的簇拥中攻至一块空地，在此建立了阵地。那是一处狭隘的街巷，四周、上空皆有墙体、屋顶的掩护。

这样的进攻需要极大的勇气，但伯纳德·德·托米莱也将己方力量暴露于可怕的危险中。接下来，这位史家写道：

上图：因其独特的建筑风格和教堂外立柱上的圣殿骑士团标志，圣殿教堂至今仍是伦敦的地标性建筑。

但四周围攻的敌人越来越多，这支圣殿骑士军队最后全军覆没了。圣殿骑士的首级聚成一堆，作为战利品展示给巴比伦王，而尸身则被悬挂于墙。我们遭到了辱骂，我们的神明遭到了亵渎。

圣殿骑士的进攻是否为英雄之举呢？提尔的威廉对这个问题的回答是否定的。在他看来，圣殿骑士守住城墙的缺口，只是为了阻止其他人入城，瓜分他们的荣誉和战利品。那些遭到屠杀和肢解的圣殿骑士，威廉无法表示同情——正是他们的贪婪和虚荣，为守军提供了重要的战利品，重新点燃了对方的勇气，从而打击了十字军的士气。

尽管威廉对圣殿骑士团的行动持保留意见，但围城之战还是因此迎来转机。一波又一波的基督教士兵跟随圣殿骑士，攻进城里。阿斯卡隆沦陷了。这是十字军为数不多的胜利之一。

下图：耶路撒冷国王阿马尔里克会见皇帝曼努埃尔一世·科穆宁，国王希望从拜占庭人手中夺回安条克。

骄兵必败：医院骑士团的挫折

鲍德温三世的弟弟阿马尔里克一世（1168—1174年在位）统治期间，埃及法蒂玛王朝因政治分裂，国力大为削弱，在交战中多次败给耶路撒冷王国。各个骑士团主动出击，趁机大力发展自己的力量。当时的编年史作家兰伯特·德·瓦特罗描述了1168年对法蒂玛王朝的一次进攻，目标是尼罗河三角洲南部城市比勒拜斯：

耶路撒冷医院骑士团在大团长带领部下，投入了战斗。他是如此机敏自信，勇猛无畏……他到达了比勒拜斯城。面对戒备森严、勇敢

> 强大的比勒拜斯城人民，大团长无所畏惧，英勇地冲锋在前。骑士团大军迅速攻破城墙，将比勒拜斯夷为平地，试图违抗者，一律诛杀。

大团长吉尔贝·德·阿塞利（1163—1170年在任）过于鲁莽，试图毕其功于一役。但仅凭一次胜利，并不足以撼动已衰落的法蒂玛王朝。征服一个像埃及这样疆域辽阔的国家，对耶路撒冷来说是无法想象的事。这次远征渐渐地消沉，最后以耶路撒冷王国蒙羞和医院骑士团破产而告终。

德·阿塞利被迫辞职，医院骑士团受到了教皇亚历山大三世（1159—1181年在位）的谴责。教皇还认为，医院骑士团从事看护病患、保护朝圣者之类的工作足矣，远征埃及已经超出骑士团的职权。此后，医院骑士团过了一段安分守己的日子。但是种种迹象表明，在经济上重新站稳脚跟后，医院骑士们又蠢蠢欲动，开始四处出击——当然，他们的行动更为谨慎了。

北方战事

叙利亚北部阿勒颇的阿塔贝格（塞尔柱王朝地方长官的称号）努尔丁（1146—1174年统治阿勒颇，1156—1174年统治大马士革）在此时崛起。他是伊马德丁·赞吉的继任者，颇具影响力。努尔丁已经挫败了十字军重夺埃德萨的计划。1149年，在叙利亚的伊纳布，他打败了信奉基督教的安条克统治者普瓦提埃的雷蒙德亲王（1136—1149年在位）。

从那时起，努尔丁采取结盟的明智策略，逐渐成为中东穆斯林的领袖、十字军强大的对手。努尔丁呼吁对西方异教徒发动“圣战”，激励了一代年轻的穆斯林士兵。遗憾的是，他注定无法看到战争胜利的那一天。他的计划首战告捷。1157年，他将医院骑士团围困于戈兰高地巴尼亚斯的一处城堡。鲍德温三世和他的军队成功冲破了封锁，但大团长伯特兰·德·布兰奎特（1156—1169年在任）被俘。囚禁三年之后，他被移

右图：这应该是一幅虚构的作品，努尔丁怒火冲天，落荒而逃。

交给拜占庭人，当时拜占庭已与土耳其首领达成了和解。

此时的努尔丁已经时日无多。1174年，他因热病去世，将异教徒驱逐出中东的计划就此无情中断。他名义上的继承人，儿子萨利赫·伊斯梅尔·阿尔-马利克（1163—1181）时年仅11岁，由他的遗孀伊斯马特·乌德丁·卡顿（？—1186）摄政。

萨拉丁：白手起家的苏丹

种种迹象表明，努尔丁的这位遗孀能力颇强，足以胜任摄政一职。提尔的威廉认为，她有着“超越大多数女性的勇气”。将领们蜂拥而至，纷纷向她示好。在这些追求者中，萨拉赫·乌德丁（又叫萨拉丁），尤其令她印象深刻。两年后，她嫁给此人。萨拉丁确实是一个令人敬畏的人物，未满40岁，已经成为埃及的实际统治者（法蒂玛王朝现在名存实亡），并征服了叙利亚。

萨拉丁出生在伊拉克的提克里特，祖辈为库尔德人。他的叔父阿萨德·乌德丁·施尔科是努尔丁的心腹将领。通过叔父的关系，萨拉丁得以进入塞尔柱军队。在施尔科为努尔丁在埃及南征北战时，萨拉丁一直是他的左右手。萨拉丁勇于开拓，天赋过人，势力迅速崛起。他与伊斯马特的结合是一种双赢。伊斯马特获得了萨拉丁的有力支持，地位得以巩固；而萨拉丁一方则建立起努尔丁式的王朝雏形，为征服大马士革奠定了牢固的基础。在哈马角之战（1175）中，他赶走了赞吉王朝后裔的支持者。这场胜利之后，萨拉丁在整个中东地区傲视群雄，

左图：（据说是）伊斯梅尔·艾尔–加扎利创作的萨拉丁像。他与萨拉丁同属一个时代，是一位著名的工匠、发明家和工程师。

上图：十字军付出惨重代价夺取的阿斯卡隆，在1187年重新落入穆斯林手中。

大权独握，成为埃及和叙利亚无可争辩的苏丹。

准确来说，萨拉丁征服的只是中东地区的穆斯林势力。在他的帝国中心，还有一块权力真空地带，十字军在此建立了他们的王国。更令人不能容忍的是，其中还包括耶路撒冷这块圣地。不难理解，萨拉丁一心想将基督教徒赶出中东。1177年在蒙吉萨战役中惨败受辱后，这个愿望就更为迫切了。

伊斯兰教的崛起

鲍德温四世在蒙吉萨战役中的胜利意义非凡——这是萨拉丁首次失利，而且损失之惨重，令人瞠目。时任大团长尤德斯·德·阿曼德带领圣殿骑士对萨拉丁展开了英勇的抗击。考虑到他们面对的是如此战功赫赫、难以超越的对手，他们的抗击更添了几分英雄色彩。

随后几年，鲍德温四世的麻风病情愈发严重。他不得不让妹夫吕西尼昂的居伊（1186—1194年在位）摄政。几年后，居伊继承了王位。

撇开个人品质和魅力不谈，萨拉丁比十字军的任何一个对手都要可怕，正是他统一了中东地区。此前，埃及的法蒂玛王朝和塞尔柱人统治下的叙利亚各自为政。萨拉丁以铁腕手段将他们捏到了一起。蒙吉萨战役之所以至关重要，是因为它的结果虽明显悖于现实走向，但大捷的确给十字军带来了前所未有的希望。

1187年，萨拉丁再次出兵攻打耶路撒冷。按照萨拉丁一方的说辞，十字军士兵在最近一次袭击中强暴了他的一个姐妹，他得讨回一个公道。这件事真实与否并不重要，重要的是，萨拉丁铁了心要推翻耶路撒冷王国，他只是在等待一个出手的时机。无论出于何种动机，他都是一个很棘手的对手，对他的基督教敌人来说，这真是个糟糕的消息。

哈丁战役：十字军的终极耻辱

5月1日，由医院骑士团率领的一支军队在克雷森泉与萨拉丁交战。骑士团军队虽然英勇迎战，但人数处于绝对劣势，战斗以惨败告终。这次失利尚在意料之中，但7月4日哈丁战役失利则令人难以接受。这次战役因战场在哈丁角而得名。这里有两座形状奇特的火山峰，战斗就在两座山峰屏护的地区打响。这场战役是中世纪最重要的战役之一。数百名骑士团成员在战斗中丧生，国王吕西尼昂的居伊被俘。自此，中东的权力平衡局面完全被打破了。

就规模而言，这场战争堪称史诗级别。大约有2万名十字军士兵参战——涉及多个兵种，除骑士团的骑士外，还包括重骑兵、轻骑兵以及步兵。撒拉森大军人数多达3万，大部分是骑兵。战场上杀声四起，其声势撼人心魄。一位撒拉森亲历者震撼于所见所闻，感叹道："圣殿骑士团前进

上图：15世纪的法国微型画，反映了1187年哈丁战役中十字军在人数上的劣势。

的声音犹如‘蜜蜂发出的嗡嗡闷响’，他们全副武装，里外竟穿了三层盔甲，见之令人生恐。”在撒拉森大军的攻击面前，这些骑士却不堪一击。萨拉丁下令士兵点燃干草，随之散发出的烟雾刺痛了十字军士兵的眼睛，模糊了他们的视线，烟雾呛到他们的喉咙和肺部，产生痉挛，使他们无法呼吸。接着，他命令弓箭手向十字军的马腿放箭，马匹纷

下图：中世纪晚期的手抄本插图，图中撒拉森士兵在哈丁战役后，夺走了“真十字架”。

纷倒地。另一位撒拉森目击者描述了十字军的惨状：“四周的山脉和平原、山丘和山谷，放眼望去，全是十字军士兵的尸体。”这位目击者又细细道来：

> 他们的旗帜被碾压在地，沾满了血污。尸体血肉模糊，面目全非，残肢散乱在四周，乌黑的尸体层层堆叠，犹如建房子时那垒起的一块块石头。

十字军的终极耻辱（也是真正的精神和宗教上的打击，这方面的影响不应被低估）是他们的“真十字架”被夺走。战斗结束后，萨拉丁还处决了数十名被俘的医院骑士和圣殿骑士。

耶路撒冷王国覆灭

哈丁战役失利后，十字军国家以惊人的速度走向毁灭。国王吕西尼昂的居伊被捕，耶路撒冷王国全面崩溃。哈丁战役耗尽了耶路撒冷的防御力量，军队几乎全员增援前线，导致多数军事城堡防卫空虚。随后的数月，又有30多个城堡先后沦陷。

十字军原先控制的城市也面临同样的命运。9月4日，穆斯林重夺阿斯卡隆。在贝鲁特、提尔和耶路撒冷，基督徒惊慌失措，悲叹他们被上帝抛弃了。

> **女士们撕破最华丽的长袍，剪掉头发，以示悔罪。**

女士们撕破最华丽的长袍，剪掉头发，以示悔罪。有些人则来到基督遇难的加略山上，赤身裸体，站在冷水桶里。西比拉女王（1186—1190年在位）带领一支由主教和贵族组成的队伍，赤脚穿过耶路撒冷城，前往圣墓教堂。

耶路撒冷尚有少数幸存的圣殿骑士。他们采取更为实际的行动来拯救耶路撒冷，他们组建了一支平民军队，成员多为老年男子和少年。这支军队没能阻挡敌人的脚步，撒拉森人的攻势太猛，密集的弓箭如雨点般倾泻而下。伤亡人数过多，圣约翰医院不堪重负。

夺取耶路撒冷后，萨拉丁曾扬言要以牙还牙，报复1099年十字军在圣城对伊斯兰教徒的大屠杀。但不知是出于宽容，还是战略考虑，他的报复计划没有付诸行动。十字军守军威胁要摧毁耶路撒冷各

左图：1187年萨拉丁征服耶路撒冷后，一队基督徒俘虏从他面前走过。

处的伊斯兰教圣殿，这或许可以解释为何萨拉丁允许居民支付赎金后可自由离开。（后来，萨拉丁同意居民的请求，降低了赎金。由此看来，无论出于何种考虑，他的确打算以高姿态处理居民的去留问题。）

重夺圣城后，萨拉丁做的第一件事，就是抹去教堂中所有的基督教标志。圣殿骑士团的圣殿再次变身阿克萨清真寺。城里确实出现了一些强奸和抢劫的案件。从某种程度上讲，后世流传的故事夸大了萨拉丁的骑士精神。不过可以肯定，没有出现第一次十字军东征破城后的那种混乱。

从某种程度上讲，后世流传的故事夸大了萨拉丁的骑士精神。

有能力的居民向耶路撒冷的新主人支付赎金，然后获准离开。大多数人前往十字军目前的主要据点提尔和安条克，幸存的圣殿骑士团也已经迁移至这两地。某些医院骑士获批在耶路撒冷驻扎一年，以便圣约翰医院能继续运转，但按要求，骑士们的活动范围极为有限。其余医院骑士团的成员只得离开圣城，在接下来的几年里四处漂泊。居伊在大马士革被禁一年后，重获自由。随后，在第三次十字军东征中，他与欧洲国王们并肩作战。

国王的十字军东征

第三次十字军东征通常被称为“国王的十字军东征”，因为此次东征的领导人为各国君主，包括英格兰国王“狮心王”理查一世（1189—1199年在位）、法国国王腓力二世（1180—1223年在位）和神圣罗马帝国皇帝腓特烈一世（1155—1190年在位）。不过，其中一位国王很快就倒下了，最终仅有一位国王在此次东征中坚持到底。腓特烈一世于1188年出发，比其他国王提前多时。前往圣地途中，他在安纳托利亚的敌占区渡河时溺水身亡。奥地利公爵利奥波德五世（1157—1194）试图稳定局势，但未能如愿，整个军队乱作一团，一支庞大的德意志军队就这样“出师未捷身先死”。

条顿骑士团

接二连三的不幸，使德意志人在第三次十字军东征中没有太大的存在感，不过一群满怀热诚的人解决了这一问题。耶路撒冷的德意志圣母兄弟骑士团应运而生——后人多称之为“条顿骑士团”。

围城战事最酣之际，骑士团建于阿卡城。实际上，成立骑士团的准备工作数年前就已启动。1187年耶路撒冷陷落后，医院骑士团被逐出城（暂时边缘化），这促使不来梅和吕贝克的一些商人出资建立了几个战地医院。阿卡围城战打响后，这些战地医院积极参与作战，逐渐具备了与医院骑士团相同的属性。条顿骑士团的发展道路与医院骑士团类似，首先承担保护性工作，随后效尤圣殿骑士团，转变为军事修会，总部设在蒙特福特城堡（意为坚固）。城堡位于加利利地区纳哈里亚市的东北部，建在山顶之上。

下图：条顿骑士身穿白色外袍，上有黑色十字架，后来军事勋章铁十字架[1]即以此为基础。

[1] 铁十字勋章是德国军队中历史非常悠久的勋章，授予铁十字勋章的传统可以追溯到1813年。——译者注

利奥波德重整军队后，只剩数千名士兵，对居伊来说帮助甚微。此刻，他在阿卡城外与萨拉丁对峙。这个港口城市对基督徒来说至关重要，如果不能畅通地输送物资，保住耶路撒冷（假设他们能重夺耶路撒冷的

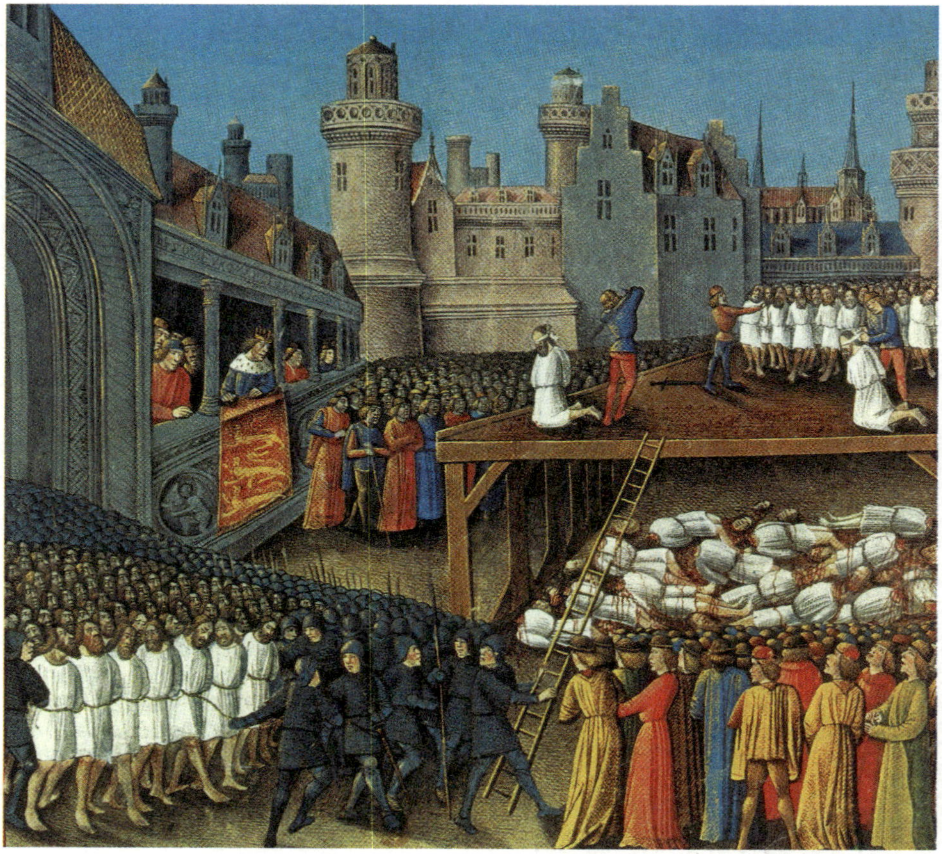

上图：英格兰国王理查一世下令处决2700名撒拉森囚犯，此举令萨拉丁的态度愈加强硬。

话）就没有指望。圣殿骑士团和医院骑士团都参与了围城战，后者调来了攻城机，协助指挥对阿卡的进攻。

1191年腓力二世和理查一世到达后，第三次十字军东征才算真正开始。指挥理查一世舰队的是圣殿骑士团时任大团长罗伯特·德·塞布尔（1191—1192年在任）。作为一名经验丰富的海军指挥官，他利用英国舰艇对阿卡进行海上封锁，进一步加强了对阿卡的控制。在塞布尔和理查一世的增援部队以及腓力二世的法兰克军队几方合力下，围城的平衡状态被打破，阿卡城最终陷落。与此同时，萨拉丁和他的军队在提尔发起反攻，在提尔的防守中，医院骑士团的战船起到了至关重要的作用。

理查一世和萨拉丁进入谈判阶段。起初，谈判气氛尚算友好，但后来理查一世认为自己受到了耍弄，一气之下处决了2700名穆斯林囚犯，谈判就此破裂。作为回应，萨拉丁也大肆杀戮基督徒俘虏。这时十字军内部也产生了分裂，圣殿骑士团在各个君王间努力斡旋，尽力促成几方战术上的统一，但满腹怨言的利奥波德公爵最终打道回府。此时法国又发生了内乱，腓力二世不得不回国处理。

阿尔苏夫战役

现在，只剩理查一世一人独撑大局了，不过这位“狮心王”毫无惧色。1191年8月22日，他带领军队从阿卡出发，向粮草和水源充足的南方挺进。领头的是圣殿骑士团，医院骑士团殿后。军队前进速度非常缓慢。途中，萨拉丁的骑兵队不断发射弓箭，进行骚扰。理查一世的弓箭队也还以颜色，萨拉丁的骑兵队始终不能靠近理查一世大军，无法给他们造成实质性的伤害。

> 理查带领军队从阿卡出发，向粮草和水源充足的南方挺进。

大军右方的骑兵队尚能正常向前推进，而另一边运送物资的车队，只能在步兵和马队的掩护下蹒跚前行。军队的船只沿着海岸随行，以击退来自海上的威胁。理查一世领军有方，又有圣殿骑士团和医院骑士团一前一后压阵，军心稳定，队伍缓慢但有条不紊地向前推进。

理查一世的目标可不仅是带领着大军安然无恙地前进，他暗藏的心机是，这种看似被动的局面，能够诱使敌人发动全面进攻。9月7日，在雅法以北的阿尔苏夫，这一时刻终于到来。萨拉丁大军的攻势异常猛烈，就连两大骑士团也罕见地出现短暂的溃乱，不过他们很快调整好状态，吹响了

上图：理查一世以骁勇善战闻名，这幅作品展现了他在阿尔苏夫战役中挥舞权杖的情形。

圣托马斯骑士团

阿卡围城战之后，一位名叫威廉的人成立了以英国人为主的骑士团——圣托马斯骑士团。威廉是伦敦圣保罗教堂院长拉尔夫·德·迪塞托手下的一位神父。圣托马斯骑士团的名字并非来自耶稣十二门徒之一的多疑者多马[1]，而是来自中世纪英格兰的一位殉道者[2]，他一直是英国人的精神楷模。

上图：圣托马斯骑士团的徽章。

和医院骑士团、条顿骑士团一样，圣托马斯骑士团最开始也是提供医护服务，后来才逐渐承担范围更广的工作，如提供保护等。他们还筹款从撒拉森人手中赎回囚犯。（当然，他们也因此积累了财富。）

直到第五次十字军东征时，在法国出生的温彻斯特主教彼得·德·罗奇（1205—1238年在任）的推动下，圣托马斯骑士团才全面军事化。罗奇是十字军东征狂热的支持者。

[1] 即St Thomas，也译为多默，因为他对耶稣复活采取非见不信的态度，所以他被称为“多疑者”。——译者注

[2] 指前文出现过的坎特伯雷大主教托马斯·贝克特。——译者注

反攻的号角。在幸运女神的眷顾下，理查一世的大军保持了高涨的士气，大获全胜。理查一世作为统帅，掌控全局。

最终的战果却难以定论。萨拉丁确实吃了败仗，理查一世也声名鹊起，但胜利并没有给他带来实际的利益。不久，他本人被召回英格兰。理

上图：圣殿骑士在阿卡建造的隧道，堪称中世纪的工程奇迹，足以让他们抵挡任何一种进攻。

查一世凭借阿尔苏夫战役在历史上占有一席之地，但是他并没从撒拉森人手中夺回耶路撒冷。经过漫长的谈判，1192年西方朝圣者才争取到去耶路撒冷各处圣地进行参拜的机会，但这座城市仍然牢牢掌握在穆斯林手中。

十字军确实打了胜仗，但要说第三次东征取得了胜利，也不尽然。宗教骑士团亦为此受到指摘。然而，从他们自身角度来看，经过这次东征的磨炼，骑士团壮大了实力，地位也得到巩固。

耶路撒冷等地出现的一系列军事建筑，体现了宗教骑士团的军事贡献。在阿卡北部边境，医院骑士建造了一座壮观的城堡，作为总部。在阿卡的西南地区，圣殿骑士也将总部设在一座雄伟的城堡里。圣殿骑士团的防御要塞与后方的海港由一条350米长的隧道连接起来，若是遭到围攻，防御要塞随时可以获得补给。

第 4 章

强大的实力和神秘的气质

13世纪的宗教骑士团在战场上屡屡受挫，不过，他们的权力和声望却与日俱增。

在现代人的词典里，“圣杯”有多种含义。对于政治家而言，圣杯可能是一种既能增收又不失民心的税收制度；竞技体操运动员或舞蹈演员追求的圣杯可能是满分10分。如今，“圣杯”已成为一种隐喻，可指代任何我们最为渴望（但又害怕无法得到）的东西。

“圣杯”一词出现伊始，人们对它的定义就莫衷一是。在中世纪的骑士传奇故事中，圣杯到底是一个托盘，还是一个杯子，始终难有定论。有些故事认为圣杯是耶稣在最后的晚餐中，给十二门徒分配纪念逾越节的羊腿时所用的盘子；有的则认为圣杯是耶稣当时使用的高脚酒杯。

前页图：1285年的曼苏拉战役，十字军大败。

在近几年流行的小说中，圣杯多以高脚酒杯的形式出现，这可能是因为在现代的弥撒仪式中，圣器大多为高脚酒杯。相比之下，人们慢慢不再将圣杯与“耶稣分羊腿的那个盘子”联系起来（毕竟，现在大多数人并不常见到达·芬奇那幅《最后的晚餐》）。背后的真实原因我们无从得知，这也不重要，圣杯的精髓，就在于它身上这种扑朔迷离的神秘感。在沃尔夫拉姆·冯·埃申巴赫的作品《帕尔齐法尔》（这部史诗作品的突出主题就是寻找圣杯）中，圣杯既不是一个酒杯，也不是一个盘子，而是一块珍贵的石头。

围绕圣殿骑士团的各种传说并不比圣杯少。在这一点上，圣殿骑士团比其他宗教骑士团都要神

下图：13世纪初，由沃尔夫拉姆·冯·埃申巴赫口述的《帕尔齐法尔》，大概是最著名的一部以寻找圣杯为主题的作品。

秘，但总体而言，这些军事修士组织都带有一定的神秘色彩。他们在历史上真实存在过，并且对中世纪历史产生了巨大的影响。他们近似一种传奇，部分原因也许是他们与同时代的世俗骑士一样，严格遵循中世纪浪漫传奇故事中所规定的道德和审美准则。

军事修士组织严格遵循中世纪浪漫传奇故事中所规定的道德和审美准则。

这些浪漫传奇故事风格非常鲜明，高度模式化，反映了当时的社会现实。多个世纪之后，人们已经很难区分哪些是真实的历史，哪些是虚构的小说。不过，中世纪的人在军事、政治和宫廷生活等各方面，都尽力效仿文学和艺术作品中传达的理想，想来他们也难以区分传奇故事的虚实。

骑士文学，历史还是神话？

从克雷蒂安·德·特鲁瓦①的名字就可以看出，他可能出生于法国中东部的奥伯省，或与奥伯省有千丝万缕的联系。1129年1月，圣殿骑士团正是在奥伯省获得合法地位。弗洛伊德（1856—1939）说过，“一切皆非巧合”，民粹主义学者据此抨击将圣杯传奇和圣殿骑士团联系起来的做法。

有一种观点认为，诗人克雷蒂安是圣殿骑士团的成员，不过这种说法不大站得住脚。特鲁瓦宗教会议的确是圣殿骑士团历史上的重大事件，但是会议召开时，克雷蒂安还是个孩子。也没有证据可以证明，在特鲁瓦会议完成它的使命后，圣殿骑士团与特鲁瓦还有什么瓜葛。

克雷蒂安最早的作品可以追溯到11世纪70年代，他的代表作《帕尔齐法尔》创作于11世纪80年代。彼时，特鲁瓦宗教会议已是陈年旧事了。在《帕尔齐法尔》中，克雷蒂安首次将圣杯作为一种象征，随后几十年，经过其他作家不断发展，圣杯的象征意义逐渐丰满起来。

---

① 中世纪法国诗人，创作了关于亚瑟王和圣杯的故事，骑士文学自他开始成熟。——译者注

上图：教皇霍诺里乌斯二世正式承认圣殿骑士团的合法地位。但是圣殿骑士团与教会统治集团的关系进展并不顺利。

为何无意识的冲动与历史、神话和隐喻之间存在确切的联系？弗洛伊德的精神分析理论为我们提供了合理的解释。像其他亚瑟王相关的传奇故事一样，《帕尔齐法尔》的创作借用了更深层次的象征主义手法，影射了基督和异端信仰①，甚至可能探讨了更为久远更为原始的焦虑和恐惧②。那些以历史学家自居的网民与早期的编年史家共同之处在于，他们都相信，宗教骑士团存在的重要目的

① 对圣杯的追寻，隐喻蛮族从旧神信仰向基督信仰的转化，追寻圣杯的旅程则成为基督教的精神和使命之旅。——译者注

② 指追寻圣杯是为了摆脱因精神处于蒙昧状态而产生的焦虑和恐惧。——译者注

之一就是创造神话。这种说法可以理解，也很快传播开来。

强大的经济后盾

军事宗教团体最重要的那些工作，大部分远离战场，坦白说，是一些再平凡不过的日常工作。装备一名武装骑士需要一定的资金投入（马匹、武器、盔甲，平常和旅途中的衣食住行等），维持整个骑士军团更是耗资不菲。和当时的世俗骑士一样，圣殿骑士团和医院骑士团都依靠地产收益来维持整个骑士团的运转。

下图：英国埃塞克斯郡的克莱辛圣殿是圣殿骑士团众多领地中的一处。图为修复后的谷仓和花园。

圣殿骑士团的领地——包括修道院等不动产——多达上千处，遍布西班牙、苏格兰、法国、克罗地亚等地。仅在耶路撒冷，圣殿骑士团就拥有约140处地产，当地的各个分支机构都能获得快速而直接的支持。这些土地一般由虔诚而乐善好施的信徒捐赠，他们希望通过这一积德行善之举，换取来世的幸福。按照封建制度，农奴依附于土地。在接受这些土地时，骑士军团得到的是一个能够独立运转的经济组织。

以位于英格兰埃塞克斯郡的克莱辛圣殿为例。该圣殿由国王史蒂芬（1135—1154年在位）的王后布洛涅的马蒂尔达（1105—1152）于1136年赠予圣殿骑士团。克莱辛圣殿占地5600公顷，后分割为160个农场出租，除了住宅、教堂、马厩、乳牛场、鸽舍、粮仓和谷仓外，还有风车磨坊、水磨坊、面包房、酿酒厂和铁匠铺。克莱辛圣殿由此成为一个大型经济生产中心，其收益可为骑士团参与战争提供资金。

克莱辛圣殿规模之大，令圣殿骑士团的大多数领地难以企及。比如位于南部丘陵地区的萨德尔斯科姆农场，占地仅180公顷。

潘希尔是圣殿骑士团位于约克郡的一处领地，规模也不大，但这样的领地仅在约克郡就拥有十处，所有的领地加在一起，面积是极其庞大的。作为一支组织严明、目标清晰的队伍，圣殿骑士团将领地管理得井井有条。

地名里的痕迹

圣殿骑士团在苏格兰也有几处领地，大多位于东北部的奈恩小镇附近。圣殿骑士团在苏格兰的总部坐落于爱丁堡南部中洛锡安郡的一个村庄，现在的名字叫圣殿村（意为“勇士之城”，勇士显然是指圣殿骑士）。

圣殿骑士团在大不列颠群岛的生活轨迹体现在多个地名中：爱尔兰韦克斯福德郡的圣殿镇、坎伯里亚郡的索厄比圣殿村、赫特福德郡的丁斯雷圣殿教堂、肯特郡的尤厄尔圣殿村、林肯郡的布鲁尔圣殿农庄、格洛斯特郡的加廷圣殿村、康沃尔郡的博德明沼地的圣殿小村，等等。

圣殿骑士团在这些地方留下了种种生活印记，其中有些让人浮想联翩。在萨默塞特郡的坦普尔库姆村有一幅著名的基督画像。画像作于一块木板上，是一个蓄须的头像（需重点指出，头像上没有圣人的光环），由于褪色严重，很难看出画像是否为基督。画像有没有可能是施洗约翰而非耶稣呢？又或是传说中圣殿骑士团在入会仪式上供奉的神秘头像？甚至说，是圣殿骑士团偶像崇拜的对象？偶像崇拜正是后来骑士团受到指控的原因之一。

很多事例表明，圣殿骑士团足迹广布，对当地百姓的生活产生了深远的影响。与血雨腥风、厮杀声四起的前线相比，这里作为大后方，上演的是一

双殿记

在英格兰，伦敦是圣殿骑士团无可争议的活动中心。骑士团的伦敦总部原址位于现在的大法官街和霍尔本街区的交汇处。随着骑士团的快速发展，旧圣殿很快就无法满足需要了。1166年，在泰晤士河和舰队街之间，维多利亚堤岸的上方，一座面积更大的新圣殿开始建造。这座雄伟壮观的新圣殿正是今天著名的圣殿教堂，于12世纪80年代完工。

圣殿骑士团拥有自己的果园、市集花园、马厩和其他的牲口棚。即使不算照料团长和骑士的仆人、厨师、管家及办理公事的各色职员，这些产业也需要大批工人来维护。此外，圣殿骑士团还拥有铁匠铺、水磨坊等工厂，他们是伦敦重要的雇主，也是当地的大地主，出租的房屋从舰队街一直延伸到附近的查林。现在著名的查林十字街就位于这里，街道建于14世纪90年代，当时它还是一个宁静的村落。

新圣殿保留至今的只有极少一部分建筑，流传最久的就只有“圣殿”这个名字了。历史上著名的伦敦四大律师学院有两所坐落于此，分别为内殿律师学院和中殿律师学院。这里为两所学院提供学生住宿、教师办公及机构代表处等场所。历经数个世纪，这里的建筑和氛围仍带有一种修道院特有的古朴气息。（中殿律师学院的回廊是数百年后才修建的，刚好和当年圣殿教堂的回廊在同一地点。）

上图：圣殿骑士团的故事不仅吸引了中世纪作家，现代作家也为之着迷。苏格兰中洛锡安区的罗斯林教堂就因丹·布朗的小说《达·芬奇密码》而名声大噪。

幕幕单调平凡但又不乏英雄本色的日常生活景象。

同样的模式适用于西欧大部分地区。如法兰西岛东北部的库洛米耶、多尔多涅省的塞热卡，圣殿骑士团的葡萄牙总部里巴特茹区的托马尔，西班牙托莱多市郊的塞尔万多等。圣殿骑士团在上述地方都拥有领地。在法国和英国的圣殿骑士团被围剿歼灭后，伊比利亚半岛的圣殿骑士团坚持抵抗，据守防御严密的城堡①，在相当长的一段时期内，与围剿军队保持对峙状态。

① 圣殿骑士团坚守西班牙的米拉韦特城堡，与围剿的军队对峙长达一年，于1038年投降，这是西班牙境内最后一个被攻陷的圣殿骑士城堡。——译者注

当时的西欧经济以农业为主，圣殿骑士团也不例外。当然，他们也涉足其他领域。在圣殿骑士团的治理下，比利时布鲁日以北的利塞维格发展成一处繁荣的纺织中心。

医院骑士团的产业

圣殿骑士团的发展如日中天，医院骑士团自然不甘落后。他们在西欧大部地区也有自己的领地，这些领地大多为农场，比如什罗普郡惠廷顿郊外霍斯顿村的农场、肯特郡福克斯通西北斯温菲尔德修道院的农场等。此外，骑士团名下还有工场和磨坊，其中一些规模相当可观，比如位于伦敦伯蒙德

下图：西班牙的塞尔万多城堡，原是一座本笃会修道院，12世纪由圣殿骑士团改造为军事防御堡垒。

上图：位于西班牙托莱多附近的孔苏埃格拉镇上的一座城堡，由卡斯提尔王国国王阿方索八世赠予医院骑士团。

西区霍斯立道恩教堂附近泰晤士河上的潮汐磨坊。

都柏林基尔曼纳姆区的利菲河上也有一家类似的工厂，因规模过大，船只的正常通航受到妨碍。1220年，工厂与当地商人爆发严重的纠纷。连英格兰国王亨利三世这样的大人物都出面调停，不过医院骑士团拒绝让步，工厂得以保留下来。

此外，医院骑士团在西班牙阿拉贡地区有林业产业，在西西里岛开采铅矿、金矿和银矿。据记载，1373年，医院骑士团在英格兰纽卡斯尔的芬海姆区还拥有自己的煤矿。

圣殿骑士：事实上的银行家

除了这些产业带来的利润，宗教骑士团还直接接受捐赠（小至信徒的捐赠，大至入团的新骑士交付的财产），因而骑士团可谓富可敌国。作为宗教组织，他们极受尊崇，无人怀疑他们的正直和诚信。再加上骑士团对西欧经济发展做出的巨大贡献，以及赫赫战功，他们的影响力覆盖整个十字军势力范围。

实现十字军东征的理想，需要以巨大的勇气和奉献为代价。种种现实的风险就在身边，如战死疆场、身患重疾、在安纳托利亚的山区或巴勒斯坦的沙漠中饥渴而死，又或在出征甚至返航途中遭遇船难，等等。骑士的开支也是巨大的数目——除了武器和装备，出行和食宿也要花钱。而且，骑士们前往圣地，时间往往长达数月甚至数年，那么留在当地的钱财产业如何处置呢?

久而久之，圣殿骑士团在事实上承担了银行家的角色。世俗骑士处理钱款问题时，往往会求助于圣殿骑士团。比如，一名身在英国的圣殿骑士可以签发信用票据，票据的持有人可从巴勒斯坦的圣殿骑士处获得一笔借项，借款人返家后再还款。如果将钱款交由圣殿骑士托管，那么仅凭一封耶路撒冷或阿卡的信件，就能在卢瓦尔或莱斯特郡，从圣殿骑士处提取款项。可以说，圣殿骑士团建立了现代银行体系的雏形。

十字军的罪行

“圣战”才是骑士团最重要的任务。从13世纪开始，宗教骑士团成为中东地区一支不可忽视的力量。如果第四次十字军东征（1202—1204）能够按计划进行，骑士团定能大展拳脚。事实证明，这是一段不容错过的历史。

下图：欧仁·德拉克鲁瓦的作品，表现了十字军进入君士坦丁堡（1202）的情景，预示着一场可耻的暴力狂欢。

对银行家的抗议

前文说过，没有人会怀疑圣殿骑士团的正直和诚信。不幸的是，信任是一种消耗性资产，这种信任没能持续多久。有权有势的人需要依赖圣殿骑士团的正直，但在普通民众眼中，圣殿骑士团的声誉却在悄无声息地下降。当出现募集、分配大笔资金的需求时，银行具备满足这些需求的能力。如果没有银行和银行业，现代资本主义或者说现代生活，就不可能存在。当然，这里指的是经济学意义上的分配和需求，而非社会公正意义上的分配和需求，对于后者银行家并不在意，这点也遭到人们的指责。但如果没有银行为各行各业提供启动资金和后续支持，即使有行业革命或信息技术革命，我们也不可能拥有过去数百年来的发展。

从本质上讲，银行家需要谨言慎行——这意味着他们往往很沉默，给公众留下不近人情的印象。人们担心银行家躲在幕后操纵局面。提供近似银行的服务诚然帮助圣殿骑士团积累了（更多的）财富，也不失为骑士团服务社会的一种手段，但也使人们对他们产生严重的不信任感。

上图：修士正在收集捐款，对十字军东征来说，筹款与军事行动同等重要。

骑士团与清洁派

在中世纪，宗教信仰是非常重要的。但是，当现实与理想不符时，人们对宗教理想的希望越大，失望也越大。到了12世纪，教会的财富、权力以及同王权阶层的密切联系逐渐引起了广泛的不满。

有些人完全拒绝信奉基督教，比如法国南部的清洁派。清洁派奉持善恶二元论，认为上帝和撒旦不断交战，身体和灵魂永远对立。灵魂永恒，属于光明的天堂，即上帝的天国。凡肉体和必死的都属于现世，即撒旦的世界，黑暗且邪恶。因为基督是“道成肉身”，所以基督本身连同他的教义也必定是邪恶的。教会的世俗性再明显不过：教会根本不是“基督的新妇”，而是像清洁派的一位信徒阿诺德·浩特所宣扬的，是“魔鬼的信徒和魔鬼的教义”。

这种教义深深打动了那些在基督理想上受挫的人，收获了许多追随者。教皇英诺森三世（1198—1216年在位）对此感到忧虑，认为清洁派不容忽视。1209年，他宣布清洁派与撒拉森人一样是异端，并向其宣战。

阿尔比十字军东征的交战双方实力极为悬殊。战争的名字源自阿尔比城——这正是异端的温床。这场残酷的十字军东征长达数年。大批全副武装的军队——包括骑兵、步兵、弓箭手和弩手等——对手无寸铁的平民举起武器，攻城车“轰隆隆”地冲破了异端的城墙。

上图：雷蒙德六世的印玺，他因支持清洁派而与众不同。

教皇的使节声称，仅贝济耶一地就有两万名成年男女和儿童死于屠刀下。一千多人在一所教堂里被活活烧死，而那里本该是他们的避难所。尽管从1213年开始，教皇试图阻止屠杀，但事情已经一发不可收拾。最终的死亡人数可能高达百万。

圣殿骑士团和医院骑士团似乎没有参与这场惨绝人寰的迫害。他们是否在回避参与这场争斗？是否另有所图？骑士团这种"不作为"颇令人意外，许多研究者对此深感迷惑，他们猜测骑士团可能与清洁派有牵扯。

图卢兹的伯爵雷蒙德六世（1156—1222）与其他法国贵族不同，他同情并支持多灾多难的清洁派教徒。雷蒙德六世出身十字军世家，其家族世代与骑士团保持紧密的联系。并无迹象表明，雷蒙德六世或者骑士团拒绝参与这场大屠杀，有什么神秘的原因。

此次东征，给十字军提供海运的是威尼斯和热那亚。两地的统治者急于借机大捞一笔，漫天要价，与十字军就运费争吵不休，双方各不相让。威尼斯总督恩里科·丹多洛（1192—1205年在任）决定借十字军的兵力，进攻一直反抗威尼斯统治的亚得里亚港口城市扎拉（现克罗地亚的扎达尔）。计划遭到教皇的反对，十字军将士亦拒绝攻打同样信奉天主教的城市。尽管如此，扎拉最终还是受到了围攻并被洗劫。

关于船费的争执悬而未决，威尼斯人已把十字军送到了君士坦丁堡。全副武装的十字军已无路可退。基督教分裂后，对十字军来说，君士坦丁堡就是宗教异端的首都，十字军入城后大肆洗劫君士坦丁堡。

决战尼罗河

在第五次东征（1217—1221）中，十字军最严重的过失是组织不当。

但圣殿骑士团和其他骑士团在本次东征中的表现堪称楷模。这次东征制订了一个新颖的战略——攻打埃及，迂回包抄耶路撒冷。十字军在位于尼罗河三角洲东部边缘地带的达米埃塔登陆。进攻主要由匈牙利国王安德烈二世领导，一群德意志的王公贵族予以助攻。神圣罗马帝国皇帝腓特烈二世（1220—1250年在位）原本计划参战，但最终未能如约前来。

下图：尽管伤亡惨重，达米埃塔围城战依然是十字军久违的一场胜仗。

圣殿骑士团时任大团长是吉拉米一世·德·查特斯（1210—1218年在任），不过他在达米埃塔围

坚不可摧的城堡

雄伟的朝圣者城堡是第五次十字军东征的重要成果之一。1218年初，圣殿骑士团开始建造这座位于以色列北部海滨城市海法以南的阿特利特的城堡。出于战略考虑，城堡建在岩岸一块岬角之上，取代附近那座规模小得多的莱德特罗伊特城堡。后者被拆毁，以防为撒拉森人所用。

朝圣者城堡巍峨壮阔，可以容纳约4000名驻军。城堡异常坚固，外部城墙高度超过15米，厚达6米。三座高耸的楼塔令守军可以清楚地看到城堡外墙的一切行动，从而挫败敌人对城墙的袭击或破坏。城堡内墙高达30米，由三座楼塔保护。附近还有一个隐蔽的港口，可从海路为城堡提供物资补给。1220年，苏丹穆阿扎姆（1218—1227年在位）攻打这座城堡，发现它简直坚不可摧。

下图：朝圣者城堡现在已是一片废墟，但依然气势雄浑，矗立在以色列阿特利特的海岸。

上图：腓特烈二世的攻城机虽没能帮助十字军占领耶路撒冷，但给对手施加了巨大的压力，迫使他们提出议和。

城战中负伤，后染疾而亡。因此医院骑士团领导了此次行动。在尼罗河上，船沿着城墙排成一行，作为搭放攻城梯的水上平台，河对岸有石弩和投石机进行轰击，为攻城作掩护。

围城战虽然艰苦，但十字军最终取得了胜利。埃及战败，苏丹派使者前来议和。萨拉丁的弟弟阿迪勒一世（亦称萨法丁，1200—1218年在位）因在战争中多吃败仗，国力大为削弱。当时阿迪勒一世的注意力全在东边的安纳托利亚南部地区和伊拉克，这一次入侵让阿迪勒一世措手不及，所以他非常愿意与十字军达成协议。他向十字军保证，除了叙利亚东北部的几座主要城堡外，耶路撒冷可归十字军所有。

但教皇派来的主教们相信，只要腓特烈二世赶来，他们无须任何让步，即可拥有整个耶路撒冷王国，所以他们向当时的主事者建议，拒绝议和。谁知数月之后，粮草开始短缺。十字军士兵渐渐发现，胜利的天平无可挽回地向对手倾斜。最终，十字军龟缩在尼罗河三角洲，陷入进退维谷的境地。而此时，他们还是没有等来腓特烈二世。

他们等到的是从东部赶来解救阿迪勒一世的援军，十字军瞬间陷入重围。吉拉米一世·德·查特斯的朋友、继承他大团长职务的皮埃尔·德·孟太古（阿拉贡人，曾经参加过西班牙收复失地运动，1218—1232年在任）如此形容十字军的颓势：“我们没有了食物……犹如网中之鱼。”原本唾手可得的胜利转变成耻辱的失败。直至此次东征结束，他们甚至未能踏足圣地一步。

骑士团的没落

为了弥补自己在上次东征中的过错，在1228年的第六次十字军东征中，腓特烈二世通过外交谈判，从苏丹卡米勒（1218—1238年在位）手中收回了耶路撒冷。作为让步，腓特烈二世不得再资助圣殿骑士团和医院骑士团，这一点苏丹态度坚决。不过，1244年7月，花剌子模这支新崛起的土耳其势力入侵并最终占领了耶路撒冷，他们对城里的基督徒非杀即逐。同年10月，十字军与花剌子模在拉佛比村（今巴勒斯坦加沙东北部的哈比亚村）开战。花剌子模兵力处于下风，但事实证明十字军还是高估了自己的实力。况且，后来埃及苏丹派出马穆鲁克（土耳其奴隶兵）军队前来支援。

拉佛比战役中，骑士团伤亡惨重。医院骑士团失去了团长瓦尔特四世以及数十名骑士。圣殿骑士团参战的300名骑士中，有280多人丧生于此役。十字军失去了收复耶路撒冷最后的机会。自此直至20世纪，耶路撒冷一直掌控在穆斯林手中。

凋零的理想之花

“圣战”的理想之花最后一次绽放，是第七次十字军东征（1248—1254），由法国国王路易九世（被称为“圣路易”，1226—1270年在位）领军。此次东征的策略依然是从埃及西部发动进攻。路易带领1.5万人出发，其中包括骑士、正规步兵和弩兵。路易旗开得胜，但拜巴尔斯（约1223—1277）带领的马穆鲁克军队很快就大挫路易的锐气。阿尤布王朝苏丹阿尔·马立克·萨利赫（1240—1249年

下图：第七次十字军东征开始，路易九世率领他的舰队，从法国出发前往圣地。

上图：1250年，路易九世在曼苏拉被俘，他能做的只有耐心等待。

“古老的背叛”

时至今日，阴谋论一直与宗教骑士团如影随形。我们应该对此报以宽容的态度，毕竟骑士团既是一个需要认真进行研究的历史学课题，也是让普通人为之着迷的组织。在骑士团成立早期，就有诸多无端的猜测围绕着宗教骑士团，激发了普通人极大的好奇心。

第七次十字军东征中，阿图瓦伯爵罗伯特一世（1216—1250）在埃及曼苏拉吃了败仗。罗伯特一世自作主张，贸然下令进攻曼苏拉的堡垒。进攻前，统帅的圣殿骑士明确表达了强烈的（显然也是合理的）反对意见。据当时的史学家记载，罗伯特一世公开斥责了圣殿骑士团和其他骑士团。几百年后，人们会再次听到类似的话，令人产生似曾相识之感：

看哪，圣殿骑士团的背叛古已有之！看哪，一丘之貉的医院骑士团！他们的欺诈一直深藏不露，现在他们终于露出了真面目。我们早有预料。要不是圣殿骑士团和医院骑士团还有那些假装虔诚的人来蒙蔽、欺骗我们，那块东方圣地我们早已收复。骑士团和他们的同伙在圣地赚得盆满钵满，生怕圣地落入基督徒之手。

罗伯特明显已预料到战败的结局，所以预先找了个替罪羊。但他所指出的细节颇值得玩味。圣殿骑士团当时只有130年左右的历史，为何说其背叛“古已有之”？

所有这些阴谋论的共同之处在于，它们都荒谬不经，毫无事实依据。圣殿骑士团和医院骑士团本身就笼罩着一层神秘的面纱，一般人捉摸不透，导致这种阴谋论甚嚣尘上也不足为奇。随着时间推移，中世纪和骑士军团的历史离今天越来越久远，我们自然也就越发难以看透他们，所以相比起历史事实，骑士军团更像是一个神话传说。

在位）为圣殿骑士所杀，不过参战的282名圣殿骑士中，只有两名幸存下来。第七次东征以十字军失败告终。

路易九世和他的骑士一起被俘，拜巴尔斯借机索要赎金，这使十字军的处境雪上加霜。此外，不过短短数月，萨利赫之子穆阿扎姆·突兰沙（1249—1250年在位）——一位短命的继位者——在马穆鲁克政变中遭遇暗杀。这时候，马穆鲁克这群奴隶兵摇身一变成了中东的主人。

至此，欧洲势力在中东地区已经难觅踪影了。马穆鲁克的势力则从埃及一直向东扩展至叙利亚，并先后于1266年和1268年占领了圣殿骑士团位于萨法德的据点和博福特城堡。路易九世并没有因前次东征的失利而气馁。他于1270年发起了第八次十字军东征，但到达突尼斯不久，路易九世就一命归天了。1271年，第九次十字军东征[①]由爱德华王子领导。爱德华王子即后来的英格兰国王爱德华一世（1272—1307年在位），人称“长腿”。但这位未来的“苏格兰之锤”也对付不了马穆鲁克。

后来，马穆鲁克又将圣殿骑士团手中的白城堡以及医院骑士团著名的骑士堡等军事堡垒占为己有。

阿卡之痛

1291年，马穆鲁克围攻阿卡城。围攻持续了一个月，在激战中，城里的条顿骑士团全军覆没，圣殿骑士团损失数十名骑士，其中就包括大团长吉拉米三世·德·博让（1273—1291年在任）。医院骑士团大团长琼一世·德·维利尔斯（1285—1293年在任）坚守阵地，直至身受重伤。阿卡失守后，他被安全地秘密转移至塞浦路斯。

---

① 通常认为，十字军东征只有八次。此处的“第九次十字军东征”实际是第七次的余波，有人把这次行动视为第九次东征。

上图：1291年，在阿卡围城战中，圣殿骑士团面对马穆鲁克军做最后一搏。此为19世纪画家多米尼克·帕佩蒂的作品。

在寄回法国的家书中，琼·德·维利尔斯写道："撒拉森人数不胜数。"

> 不过，我们还是数次击退了敌军……一次又一次的战斗，骑士团的兄弟为了阿卡而战，为了祖国而战，为了自己的生命而战。但我们还是一点一点地失去了我们的家园。
>
> 就在这一天，我被一根长矛刺中背部，差点丧命，这让我提笔写信变得极为困难。与此同时，大批的撒拉森人从海上、陆上，从四面八方，踏过破败的城墙，长驱直入，寻找我们的藏身之处。无论随从和仆童，还是雇佣兵或十字军士兵，全都失去了希望，一个个丢盔弃甲，逃到船上去了。
>
> 天知道，大多数人伤势严重，有的已经奄奄一息，但大家仍然拼尽全力战斗。大敌当前，我们却溃不成军，一部分人已经倒地而亡；我们的随从和仆童即使身负重伤，仍然冒着极大的危险来救我们……

下图：在阿卡战场上，医院骑士团大团长琼·德·维利尔斯运气不错，成功获救。

阿卡城对马穆鲁克军毫无用处。

他们毫不留情地将其夷为平地——十字军时代就此落下帷幕。阿卡城以北，在叙利亚海岸线附近，干旱的鲁阿德岛（即艾尔瓦德岛）上尚存一处孤零零的小规模要塞，而十字军在其他地区已经踪迹全无了。

条顿之扰

此时，在欧洲东部的波罗的海，波兰国王对巴尔干斯拉夫人的掌控并不牢靠，局势持续动荡。波兰人多次入侵，试图教化异教徒，但斯拉夫人始终冥顽不化。看来，另一场“十字军运动”[①]势在必行，领导东征的是条顿骑士团。

大约从1230年开始，条顿骑士团经历了一系列的南征北战，征服普鲁士后，一路打到今利沃尼亚（波罗的海东岸地区）和立陶宛境内。和其他骑士团一样，条顿骑士身披重铠，踩过轻骑兵和步兵的尸体，在沙场上杀出重围。教皇格列高利九世（1227—1241年在位）颁布《莱尔提金玺诏书》[②]，承认条顿骑士团对普鲁士的所有权。因此，至少在理论上，他们是普鲁士骑士团国的统治者。

当时普鲁士仍为蛮荒之地，当地原住民坚决反抗，与条顿骑士团展开了游击斗争。在1260年的杜尔贝战役中，条顿骑士陷入萨莫吉希亚人的包围，遭遇惨败。杜尔贝战役的胜利激发了普鲁士原住民一系列的反抗，条顿骑士团花了几年时间才将起义镇压下去。1275年，条顿骑士突袭立陶宛斯卡洛维亚，编年史家尼古斯・冯・杰罗斯钦（约1290—1341）在相关记录中写道：“他们大肆杀戮那些未受洗之人，数量之多，以至血流成河。”

---

① 由条顿骑士团发起的北方十字军运动，属于广义的十字军运动的一部分。——译者注

② 金玺诏书又称黄金诏书，因诏书上盖有黄金印玺，故名。——译者注

和其他骑士团一样，条顿骑士团在各国也建立了一系列由修道院管理的领地或地产——有些远在西西里和希腊南部，有些位于亚美尼亚，彼时该地正受到扩张中的马穆鲁克王国的威胁。条顿骑士团大部分的领地都在普鲁士，以及波罗的海沿岸一带——在这些地区他们根据教皇的《莱尔提金玺诏书》获得了统治权。这些领地在性质上不同于圣殿骑士团和医院骑士团的领地。除了获利，条顿骑士团还对这些他们眼里的“蛮荒之地”进行长期的殖民和基督教化。

上图：条顿骑士像，根据约斯特·安曼1585年的木版画创作。

败绩亦无法掩盖的声望

宗教骑士团的命运将何去何从？13世纪接近尾声时，他们在各条战线上悉数败退，却又享有很高的声望，他们身上的魅力和神秘色彩只增不减。为了维护自己的信仰，他们全身心地投入战斗。

冰湖围困

条顿骑士团的敌人不仅有东欧的普鲁士异教徒，还包括俄国的东正教教徒。1240年，条顿骑士团攻打北部城市诺夫哥罗德。两年后，骑士团在著名的冰湖战役中被亚历山大·涅夫斯基大公（1221—1263）击败。

亚历山大佯装撤退，条顿骑士却贸然追击，踏上了冰封的楚德湖。身披重甲的骑士在冰面上寸步难行，成为亚历山大麾下弓箭手的靶子，最终大败。

上图：16世纪编年史书上的插画，表现了1242年发生于俄国楚德湖的冰湖战役。

骑士团并没有因十字军东征这场西方地缘政治灾难而受到指责。即使当时已处于中世纪晚期，人们仍然认为失败是神对人所犯罪孽的惩罚，这使得当时的批评家没有针对骑士团提出质疑。（当然，我们已经看到，在对骑士团的一片赞誉声中，总有人唱反调。）

总而言之，不管是从政治还是从战略意义来说，各个骑士团都算是站稳了脚跟，虽然尚未达到他们的期望值。按现在的眼光来看，他们的实力属于软实力。这种软实力很强大，有着极为深远的影响。骑士团虽说失去了圣地，但他们已经开启了西方社会想象的阀门，紧紧锁住了西方民众的目光。从某种意义而言，也许，他们已经找到了他们的“圣杯”。

第 5 章

暴风骤雨

14世纪，骑士团的命运飘摇不定，时而陷入争权夺利的漩涡，时而面临解散的风险。失去圣地后，宗教骑士军团将以何立足于世呢？

宗教骑士团成立的初衷是收复圣地。但自从阿卡城陷落后，他们基本上处于漂泊无着的状态。面对这种境况，圣殿骑士团选择的应对方式是彻底否认——假装一切如常。大团长雅克·德·莫莱（1298—1312年在任）依然以带领圣殿骑士团夺回耶路撒冷和其他圣地为己任，他认为这是圣殿骑士团首要的任务和目标。

阿卡围城战以后，圣殿骑士团逃到塞浦路斯，并且很快就控制了这个岛国的政治，塞浦路斯国王亨利二世（1285—1324年在位）对他们的怨恨与日俱增。此外，时世如此艰难，大家的脾气难免有些暴躁。亨利二世当时也是耶路撒冷的国王——至少

前页图：1467年出版的乔万尼·薄伽丘的作品《名人的浮沉》中的插图，表现了圣殿骑士被送上火刑柱的情形。圣殿骑士团衰落，即使是强者，也无法掌控无常的命运。

上图：塞浦路斯成为骑士军团的活动中心。在法马古斯塔，医院骑士团和圣殿骑士团的教堂相邻。

名义上如此。和圣殿骑士团一样，亨利二世也被赶出了耶路撒冷（他从未在真正意义上统治过耶路撒冷）。在塞浦路斯这片狭小的土地上，国王和圣殿骑士团互生嫌隙，也就不足为奇了，毕竟在惨淡的大环境下，他们看对方都不大顺眼。

塞浦路斯的内斗

圣殿骑士团对“收复圣地”依然没有放弃。1302年，百折不挠的圣殿骑士团试图凭借鲁阿德岛对中东进行反攻。亨利二世已经在此派驻了军队，等待反攻的那一天。但反攻的机会始终没成熟，而圣殿骑士团却不能——或者至少不愿——再等待下去了。不出所料，圣殿骑士团贸然出击，很快铩羽而归，不仅失去了120名骑士，还丢掉了国王亨利仅存的叙利亚据点。很明显，此次行动毫无获胜的希望，也没什么意义。

亨利二世和圣殿骑士团的关系不断恶化，塞浦路斯笼罩在一片风雨欲来的气氛中。1306年，圣殿骑士团支持亨利二世的兄弟提尔的阿莫里（1306—1310年在位）发动政变。这次政变的胜利非常短暂。几年后，阿莫里被刺身亡，亨利二世重新上台。

自食其果

从长远来看，圣殿骑士团着实为自己未来的路挖了不少坑。比如他们仗势欺压亨利二世，干涉塞浦路斯的内政。这里虽不过是与世隔绝的弹丸之地，但欧洲各国的君主都在观望，他们应该对眼前的局势深感不安。一个多世纪以来，他们一直是圣殿骑士团的拥趸，将其视为基督教的捍卫者。

> 从长远来看，圣殿骑士团着实为自己未来的路挖了不少坑。

但现在，圣殿骑士团的发展意图不明朗，存在的价值被打上了问号。他们如此富有且强大，君主还有什么理由继续支持他们呢？圣殿骑士团失去了初衷，现在，他们只能随机应变，任何适合自己的政策都会采用。圣殿骑士团当前的最高目标，就是维护骑士团屹立不倒，因此他们需要追求眼前的利益。如此一来，还有哪位统治者（以及哪位教会人士）会信任圣殿骑士团呢？他们还是当初那个忠心耿耿，可以依赖的圣殿骑士团吗？

还有一点很重要，那就是圣殿骑士团和欧洲权贵有着千丝万缕的联系。除了军事上的贡献，他们还充当权贵们的决策顾问，在权贵间进行外交斡旋，权权交易。圣殿骑士团开展的银行业务，对欧洲基督教国家经济的影响举足轻重。这一切带给了圣殿骑士团巨大的政治声望，多年来一直是圣殿骑士团强大力量的源泉。但随着对骑士团猜忌的蔓延，这种政治声望似乎反成了一个弱点——当初爬得越高，现在将会摔得越重。

崛起于罗得岛

圣殿骑士团企图推翻亨利二世的时候，医院骑士团在大力发展自己的海上实力。很明显，原来扎根于陆地的骑士迫于形势，不得不将自己改造成一支海上战队。在大团长富尔克·德·维拉里特（1305—1327年在任）的领导下，医院骑士团踏上了转型之路。

下图：罗得岛上医院骑士团大团长的官邸，彰显了医院骑士团的势力。

从陆军转型为海军既需要调整战略，又需要进行战术操练。重夺圣地依然是骑士团坚守的最终目标，但寻找一处适宜的驻地才是眼前的第一要务。德·维拉里特认为，骑士团可以借此重整旗鼓，将来还可以谋划更大规模的出击。

医院骑士团看中了罗得岛。名义上，这里是拜占庭帝国的领土，但实际上由土耳其人控制。在医院骑士团看来，当时的拜占庭皇帝安德罗尼库斯二世（1282—

上图：富尔克·德·维拉里特将医院骑士团转变为一支海上战队。

巍峨楼殿

罗得岛巨像是传说中的世界古代奇迹之一。这是一尊巨大的青铜雕像，雕像两腿分开，屹立于港口上。即使传说是真的，罗得岛巨像也在多个世纪前就不见了踪影。现在岛上可以与之媲美的，是中世纪的一个建筑奇迹——医院骑士团大团长官邸。

与罗得岛巨像相比，这个建筑奇迹毫不逊色，完美传达出骑士团及其所处时代的伟大和壮志。这里本是一座拜占庭式的堡垒，7世纪就矗立于此（堡垒里的马赛克画说明，此前就已经有人使用），医院骑士团占领此地后，对它进行了彻底地改造。

今天，这座壮观的城堡已成为岛上一处重要的旅游胜地，游客不难想象，这座城堡在战争年代所经受过的洗礼。城堡体现了医院骑士团——以及所有军事骑士团——自相矛盾的特性：外观气势磅礴，有高耸的塔楼、犬牙交错的雉堞；内部是安静的庭院，以及拱形大厅。

下图：从外面看，医院骑士团大团长官邸是一座令人生畏的城堡。城堡里面却是壮阔而宁静的修道院，反映出骑士团的双重身份。

1328年在位）“在其位不谋其政”，但皇帝也不愿将罗得岛让出。1306年，骑士们对罗得岛发起了围攻。

随后三年，医院骑士团在罗得岛外围安营扎寨，但他们缺乏足够的兵力快速结束战斗。拜占庭帝国连续三次派出援兵，也未能解除围困。1309年，罗得岛最终落入医院骑士团之手。至此，医院骑士团终于为自己打下一块战略行动基地。罗得岛位于安纳托利亚海岸，这里控制着爱琴海和地中海东部的航线，离圣地仅有咫尺。

这时候，再次发起“圣战”只能是一个美好的愿望，希望渺茫，毕竟医院骑士团也是费了好大力气才拿下罗得岛。不过，骑士团总算有了一处稳固强大的总部，这里非常适合积储军队实力。随后几年，医院骑士团还在附近的科斯岛、卡斯特洛里佐岛、锡米岛、蒂洛斯岛和查其岛等建立了据点。

有了立身之处，医院骑士团便开始重建舰队。很快，他们开始骚扰马穆鲁克的海上舰队。此刻，骑士团实质上已经与海盗无异。他们发现，只要会打仗，打好仗，简直就是一本万利。

相比之下，圣殿骑士团也许要在经历惨痛教训后，才发现参与权贵之间的权力斗争，是会付出高昂代价的。十字军东征之时，圣殿骑士团的作用自不必多言。但如今，圣殿骑士团手握大权，且这种权力捉摸不透，难以管束。他们成了一种不稳定因素，时刻威胁欧洲的和平。

在某种程度上，这才是真正的问题，正如俗语说：“游手好闲乃万恶之源。”圣殿骑士在塞浦路斯政坛上兴风作浪，很能说明这一点。话说回来，如何看待圣殿骑士团，与个人立场有很大关系。尤其当圣殿骑士团碰到有“美男子”之称的法国国王腓力四世（1285—1314年在位）时，就更凸显出个人立场在他们命运中的重要性。腓力四世极善于抓住机会，精于操控舆论。

上图：教皇尼古拉斯四世试图玩弄权术，但这带给教会的只有麻烦。

政治漩涡中的教皇

平心而论，在教会中，并非只有圣殿骑士团贸然加入欧洲世俗君主的政治斗争，教皇本人也深陷其中。教皇尼古拉斯四世（1288—1292年在位）投靠了意大利强大的科隆纳家族，同意为法国王子安茹的查理二世（1285—1309年在位）加冕，使他成为西西里国王。此举无异于玩火。当时欧洲各国上层社会来往密切，红衣主教埃吉迪奥·科隆纳（约1243—1316）正好是法国国王腓力四世童年时代的家庭教师，科隆纳家族一直是法国国王坚定的盟友。

科隆纳家族不愿受教皇尼古拉斯四世的继任者西莱斯廷五世（1294年在位）的辖治，拒绝放弃特权地位。西莱斯廷五世急于向查理表忠心，甚至把教廷迁到了查理辖地的首都那不勒斯。由此可见，西莱斯廷五世显然无法胜任教皇一职。1294年，在当选教皇仅五个月后，他就带着耻辱逊位了，教皇

右图：教皇卜尼法斯八世拒绝了科隆纳家族的示好。

之位由手腕强硬得多的卜尼法斯八世（1294—1303年在位）继承。

卜尼法斯八世并没有被查理以及法国的势力吓倒，将教廷重新迁回了罗马。

卜尼法斯八世很快就和腓力四世发生了冲突，他采取的对峙态度加速了危机的到来。继位伊始，卜尼法斯八世就遭到了西西里国王和科隆纳家族的反对。1303年，多年的积怨终于爆发，腓力四世一方企图行刺教皇。卜尼法斯八世虽躲过了这次暗杀，但几周后还是一命呜呼。

国王把持教廷

卜尼法斯的继任者本尼狄克十一世（1303—1304年在位）不过是查理和科隆纳家族操控的提线木偶。本尼狄克死后，法国继续把持教皇的任选，扶植克莱芒五世上台（1305—1314在位）。克莱芒五世曾任法国波尔多大主教，任职期间，他竟不曾踏足罗马一步。1309年，克莱芒五世在位的第四年，他正式将教廷迁至阿维尼翁，法国由此控制教廷长达60多年。

下图：克莱芒五世将教廷设在阿维尼翁。

罗马教廷——基督亲自交予圣彼得的权力中心——竟然为了方便法国国王而迁移，即使在更具批判性更为世俗的现代，这也实在令人震惊。不仅如此，腓力四世还牢牢控制克莱芒五世，迫使他一再妥协。这次教会的“迁都”，不过是最为人熟知的一个让步而已。此外，教会中至少还出现了19位法国籍枢机主教，目的就是方便国王在教廷内为自己谋利。

接下来，腓力四世将目光瞄准了圣殿骑士团。这不仅是一支强大的（且具有潜在威胁的）政治力量，由于骑士团手握巨额财富，也不失为一

徒有其表的腓力四世

腓力四世也被称为“美男子腓力”。人们常说，心灵美才是真的美，如此说来，腓力四世也只是徒有其表罢了。他还极度铺张浪费，史称“不中用的腓力”。但这个称号并不足以描述他追求奢华时的无所不用其极，也无法显示出腓力四世对于劝谏之人的冷酷无情。

1293年，腓力四世夺取了法国西南部奉英国为宗主的阿基坦公国，自此，英法两国交战。四年后，北部的佛兰德斯（现比利时北部）试图独立，腓力四世再次发动了耗资巨大的战争。教

右图：凡尔赛宫内腓力四世的画像，由18世纪一位不知名的画家创作。腓力四世和波旁王朝的君王一样，喜好奢华。

条财路。至少，这是大多数现代历史学家对腓力迫害圣殿骑士团行为的解释。腓力四世则辩称，这只是心灵纯洁之人出于道德的义愤：

> 这真是令人痛苦、深感可悲的事情，是难以想象、不忍卒听的可怕罪行，如此可恶、可憎、可鄙……这真是野兽行径，确实闻所未闻，要不是有可信的人前来透露消息……那些罪行真叫我们战栗不止。

皇卜尼法斯八世谴责腓力四世挥霍无度，狡诈的腓力四世则利用自己的权力，大幅增加法国境内教徒应上缴的所得税，痛快地报复了教皇。

当然，我们不能仅根据上述事例就认为这位美男子国王只沉溺于享乐。现在看来，他已经在尝试建立一个高度中央集权的国家，这与亨利五世（1413—1422年在位）的政策及都铎王朝在英格兰的政策有所不同。但是，对于腓力四世的一些“重要”的子民来说，他任性妄为，蛮横专制，以铁腕手段随心所欲地统治国家。

例如法国境内的伦巴第商人。对于他们的迫害行径，腓力四世称“绝非出于私人恩怨”，这种辩护相当无力。1293年，腓力四世已经欠了伦巴第人一大笔钱，他不仅没有还债，反而强征伦巴第人25万利弗，之后才允许他们保留法国公民身份，否则就要把他们驱逐出境。另外还有犹太人。1306年，腓力四世将他们逐出法国，由此加入欧洲反犹太主义的行列。对于腓力来说，除掉这些让人糟心的债主，付出一些代价也是很划得来的。了解伦巴第人和犹太人的遭遇后，再来看腓力四世对圣殿骑士团的迫害，就不难理解了——圣殿骑士团也是腓力四世的大债主。

上图：腓力四世再也找不到比克莱芒五世更顺从的教皇了。

1307年9月，腓力四世在朝廷中散布反圣殿骑士团的言论，称他们毫无人性，犯下令人发指的罪行，简直禽兽不如。不仅如此，他们还言语粗鄙，玷污了大地，辜负了露水的清新，污染了纯净的空气，动摇了我们的信仰。

这些指控相当严重，但不够具体。在随后的几个星期里，腓力四世又补充了一些细节。他坚称，圣殿骑士团不仅作恶多端，而且毫不夸张地说，他们根本不信奉上帝。新人加入圣殿骑士团必须背弃基督，否认他的神性，还要在入团仪式上往十字架吐三次口水。

《出埃及记》（20：4）中明确反对崇拜偶像。但腓力称，圣殿骑士团的新人要崇拜雕刻的神像，包括一些异教崇拜的偶像，例如动物。在入会仪式后举行的弥撒中，面包并没有得到祝圣，也就无法成为耶稣的圣体。以现代观点来看，这种说法更让人摸不着头脑。也许可以将其视作偶像崇拜的一种戏仿，从而获得相同的宗教意义。但腓力控诉这种仪式空洞无物，骑士团缺乏合乎情理的圣礼。在中世纪的人看来，这是对神明极大的亵渎。

抓捕圣殿骑士

腓力四世最后指控的重点，是一种特殊仪式，只有地位最高的——自然也是最邪恶的——圣殿骑士才能参与。腓力四世称，仪式上“一颗留着长胡子的男性头像被高高举起”，受到骑士们的顶礼膜拜。骑士团高层召开秘密会议时，真的会亲吻、膜拜这颗头像，千真万确，腓力四世信誓旦旦地保证。

1307年10月13日，星期五，腓力四世在法国设下天罗地网，对圣殿骑士进行一系列搜捕，抓获大团长雅克·德·莫莱和大约1.5万名“圣殿骑士”。还有重要的一点，圣殿骑士团的地产、钱财也被国王收缴了。

实际上，在被逮捕的人中，只有数百人是真正的骑士，其余多数是骑

巴弗灭

在一些圣殿骑士团入会仪式的叙述中，提到了一个头像。这个头像称为“巴弗灭”。在最为秘密的圣殿骑士团的会议上，巴弗灭被高高举起，受骑士们膜拜（据说如此）。

在一些记载中，巴弗灭曾以黑猫或其他动物的形象出现。在巴黎对圣殿骑士的审讯中，这个名字被屡次提及，但其究竟是人还是动物，是神还是魔，始终没有统一的说法。在后来一些神秘的巫术中，巴弗灭发展出古代异端众神的特征（往往以山羊头的形象出现），这使它的形象更加难以捉摸。

右图：雅克·德·莫莱受到腓力四世手下的严刑拷打。

士团中的平民官员、仆人或佃农。当时，只要和圣殿骑士团有一丝半缕的牵扯，就有可能被抓。有些农奴只是碰巧依附于圣殿骑士团名下的庄园而已。

一个个骑士在孤立无援、惊恐绝望中招供，承认了所有耸人听闻的传言。那些强硬的骑士则被屈打成招。他们承受了非人的折磨：脚底遭灼烧或暴打，牙齿硬生生地被拔掉，下体遭鞭打……遭受酷刑的骑士通常很快就招供了。

几个月后，有人评论道：

> 那些无辜的人自被逮捕之日算起，已三月有余，其间所遭受的酷刑、痛苦、欺凌和嘲弄，无法言表。牢房里传出的悲鸣和叹息、残酷折磨下发出的哀号、咬牙切齿的咒骂，日夜不停……真相只能带来死亡，唯有谎言才能助他们逃脱死神之手。

尤金·德·弗洛雷安

尤金·德·弗洛雷安是一个谜一般的人物。他在历史舞台上来去匆匆，不知从哪里冒出来，对圣殿骑士团一番指手画脚的指控后，旋即消失得无影无踪。他的出生或死亡日期无从得知，但据说，他原是利摩日附近蒙福孔镇的一个圣殿骑士团分部的负责人，后来不知为何与圣殿骑士团生了嫌隙。

当然，如果我们看到他在1305年呈交阿拉贡国王詹姆斯二世（1291—1327年在位）的一份证词，就不难理解争执的原因了。在证词中，德·弗洛雷安指控圣殿骑士团存在大量亵渎神明、人兽交合以及同性恋等行为。当时詹姆斯二世对这些指控不屑一顾。几年后，这份证词正中腓力四世的下怀。

腓力四世派枢密大臣吉洛尧姆·德·诺加雷（约1260—1313）继续跟进调查，酷刑和贿赂双管齐下，务必找出“确凿的证据”。圣殿骑士团即将名誉扫地。

右图：圣殿骑士被捕，出自14世纪的《法国编年史》一书。

戈登·纳皮尔[①]在谈到圣殿骑士团历史时指出，圣殿骑士坚决不承认同性恋行为，即使供认后有可能重获自由，他们也不为所动。在巴黎接受正式审判的138名骑士中，只有三人承认犯下这项罪行，而承认往十字架上吐口水的有123人。这并不能说明圣殿骑士团就一定杜绝了同性恋现象，但圣殿骑士团确实对这个话题讳莫如深。所以，圣殿骑士团中是否有同性恋行为，是值得怀疑的。

① 《圣殿骑士团的浮沉》一书的作者。——译者注

不敢公开的审判

腓力四世声称要对圣殿骑士团进行审判，这当然只是做做表面文章，因为审判是秘密进行的。自相矛盾的表面之下，正是腓力四世的精心设计。如果所有的审讯都暗中进行，那么审判结果越骇人听闻，就传播得越广、越远、越快，而等到圣殿骑士有机会见到任何一位来自教会或各国宫廷的权贵时，已经是几个月之后了。

事实上，对圣殿骑士团的指控极为荒唐可笑。詹姆斯二世没有上当，腓力四世却偏听偏信，显然暗怀鬼胎。不过，圣殿骑士团太过强大富有，很多法国人早就看不惯了，所以腓力四世的指控获得了相当一部分人的认同。加上腓力四世大肆宣传圣殿骑士团的罪行，还向民众透露骑士已经认罪了（为何会认罪并不重要），许多人也渐渐相信了。

各国君主的反应

腓力四世的行为太过残暴，尤其是他还打着教会的名义，就连一向温顺的教皇克莱芒五世也不禁表示了担忧。但法国国内罗列的“罪证”越来越多，1307年11月，克莱芒被迫下了一道圣谕。这道谕令将逮捕并起诉圣殿骑士团上升为一项效忠于教会的任务，要求欧洲各国君主在本国境内完成。

有些国王选择了违抗谕旨。英格兰国王爱德华二世（1307—1327年在位）称“由于骑士团在英格兰各地皆享有美誉，自己无法接受那些可怕的指控”。他写信给葡萄牙、卡斯提尔、阿拉贡和西西里等国的国王，寻求他们的支持。这几位国王虽不愿抗旨，或多或少也有同样的疑虑。阿拉贡国王詹姆斯二世公开怀疑对圣殿骑士团的指控。几年后，葡萄牙国王丹尼斯一世（1279—1325年在位）组建了自己的骑士团——基督骑士团，其中就有几位幸存的前圣殿骑士团成员。

相比之下，卡斯提尔国王斐迪南四世（1295—1312年在位）对教皇采

右图：葡萄牙国王丹尼斯一世同情圣殿骑士团，努力延续他们理想。

左图：圣殿骑士受火刑，腓力四世在旁观看。

取了更为合作的态度。斐迪南四世人称“被召唤者斐迪南”。据说，雅克·德·莫莱诅咒他，称他死后将下地狱接受审判。公平地说，中世纪的君主很难在宗教问题上违抗教皇。抗命难度之大，甚至超出今天人们的想象。不久，爱德华二世也屈服于教皇的谕令。

中世纪的君主很难在宗教问题上违抗教皇。

绞杀圣殿骑士团

对于圣殿骑士团的指控，教会内部的态度很

上图：“希农羊皮纸”详细记载了圣殿骑士团一案的审判，记载表明缺乏足够的证据给骑士团定罪。

暧昧，立场不明。1308年，教皇克莱芒成立一个特别审判小组，召开听证会，对圣殿骑士团的主要领导人进行审问，以期获取“纯粹完整的、毋庸置疑的真相”。除了他手下的三位红衣大主教，出席的还有众多证人、公证人和其他官员。这次听证会在法国安德尔-卢瓦尔省的希农城堡举行，这里是德·莫莱及其他骑士的关押地。

“希农羊皮纸”记录了听证会上一些细节。2001年，一位名叫芭芭拉·弗拉尔的学者在梵蒂冈机密档案馆（这是一个真实存在的机构）中发现了这些资料。据记载，对骑士团所有指控都进行了讨论，所有法国国王认定的罪行都遭到了一定程度的驳斥。但对入会仪式中“在十字架上吐口水”和“否认基督”这两点指控，记录有些模棱两可。这些做法大概是入会时对新人一种例行的“考验”。

下图：为了表示对腓力四世的忠诚，教皇克莱芒挖空心思，想坐实圣殿骑士团异端的身份。但审判结果证明，他们不过犯了些无伤大雅的错误。

审判小组当场宣布，圣殿骑士们并无大罪。只是这时，权力压倒了原则，克莱芒对腓力四世的恐惧，也压垮了他道德上的勇气。骑士团屈打成招，又进一步加强了腓力四世本就强硬的立场。最后，这份看上去颇具分量的判决书被迅速搁置，而克莱芒就像这份新鲜出炉的判决书一样，中看不中用，只能乖乖地接受腓力四世的安排。

这样的结局令教会中的一些人心满意足，比如马格德堡的大主教伯查德三世（1307—1327年在任），他就是腓力四世一个卑劣的翻版。伯查德三世和圣殿骑士团长期为敌，在他的教区，他将几名圣殿骑士送上了火刑柱，还没收了圣殿骑士团的财产。在德意志美因茨和特里尔等地，当地教廷宣判，对圣殿骑士团的一切指控均不成立。苏格兰爱丁堡的一个审判也做了相同的处理。

圣殿骑士团请求在法国举行正式、公开的审判，教皇克莱芒虽予以支持，但有心无力，态度强硬的腓力四世铁了心要置圣殿骑士团于死地。1310年5月，他在巴黎将54名圣殿骑士处以火刑。此举可谓一箭双雕。一方面，可以给民众制造出一种法国形势相当严峻的假象。另一方面，如果进行公开审判，这些骑士都是潜在的证人，先下手除掉他们，就可免去后顾之忧。

强权之下，被迫解散

事态缓慢地向前发展。1312年3月，教皇克莱芒发布了一道名为“至高之声”的圣谕，称“鉴于圣殿骑士团所受到的行为不端的指控，以及随之而来的种种重大丑闻”，他别无选择，只得下令取缔圣殿骑士团，且这道命令将“永远有效，不可撤销”。

实际上，人们目前看到的全都是似是而非的指控，充满了模棱两可的说辞。圣殿骑士团被取缔，并不是因为他们真的犯下了被指控的罪行，而是因为那些强加于他们头上莫须有的丑闻。教皇克莱芒称“许多圣殿骑士行为不端，他们叛教、进行偶像崇拜，还有同性恋行为”，这显然是彻头彻尾的谎言。几年前，他一手组建的特别审判小组一一审查了这些指控，并予以坚决否认。克莱芒说这番话不过是为了苟且偷安，实为懦夫之举。但是在那种情况下[1]，教皇恐怕也无可奈何。

几个月后，教皇又下发一道圣谕，圣殿骑士团的境况雪上加霜。根据圣谕，圣殿骑士团的所有财产被悉数没收，移交给医院骑士团。

大团长毅然赴死

在严刑拷打下，雅克·德·莫莱和副手杰弗瑞·德·沙尔尼很快就承认了那些捕风捉影的指控。对于两人的“诚实和忏悔”，教会表示了宽宏大量，宣判对两人进行永久的监禁。两人的性命算是保住了，如果不悔罪，两人就会被定为异端，而当时对于异端的惩罚是死刑。

1314年3月18日，德·莫莱和德·沙尔尼在巴黎圣母院前接受公开审讯，当场被判处终身监禁。一同受审的其他骑士接受了判决。此时，两名圣殿骑士团的最高领导人已经受够了这场闹剧，正式翻供。两人承认的唯一罪行，是对圣殿骑士团的指控做了假供，让诽谤的小人得逞。

两名圣殿骑士团的最高领导人正式翻供。

中世纪教会本就混乱不堪，腓力四世的欺压又迫使教会陷入了更大的混乱。在这样的背景下，德·莫莱和德·沙尔尼翻供，无异于承认自己的“异端”信仰和行径。两人当场被判死刑，被绑在火刑架上活活烧死。

---

① 教廷由罗马迁往法国阿维尼翁后，教皇势力受到法国国王的极大冲击，后世的史家将此时的教皇称为“阿维尼翁之囚”。——译者注

大团长的诅咒

现场目击者都被残忍的火刑吓坏了。有人后来回忆道，被烈焰包围的雅克·德·莫莱，对腓力四世、教皇克莱芒，以及斐迪南四世等迫害圣殿骑士的主谋发出了诅咒，称他们将在一年内相聚于震怒的上帝面前。

当时斐迪南四世已经去世，对他的诅咒也就罢了。不到一个月，克莱芒五世一命归西。供奉遗体的教堂被闪电击中，引发大火并烧毁了整个教堂，相当于直接火化。同年11月，腓力四世在巴黎北部圣马克桑斯桥附近的树林里打猎时，突然中风，几个星期后，也一命呜呼。

下图：英格兰国王爱德华二世开始不愿迫害英国圣殿骑士团，但最后，还是把他们送上了审判的法庭。

左图：1314年，雅克·德·莫莱和杰弗瑞·德·沙尔尼即将赴死。

后续曲折的遗产

圣殿骑士团和医院骑士团早期的竞争似乎已被人遗忘。不过，即使两大骑士团还存在类似的竞争，医院骑士团显然也是笑到最后的那一个。他们不仅屹立不倒，还接管了对手的权力和财富。只是，医院骑士团很快发现，事情并没那么简单。

克莱芒颁发了名为“Ad providam”（“给予”之意）的谕令，原则上将所有圣殿骑士团的财产转让给医院骑士团。但腓力四世翻云覆雨，不就是为了迫害圣殿骑士团，然后染指他们在法国的巨额财富吗？圣殿骑士团在法国的财产恐怕是落入国王之手了。

有些君主诚实守信，宁愿大费周章，也要将圣殿骑士团的财产尽数转交。不过，历史学家海伦·尼科尔森指出，有几位君主王公没能抵挡住诱

右图：英国沃里克郡格拉夫顿圣殿镇的圣安德鲁教堂的两扇窗户，刻有圣殿骑士（左）和医院骑士形象。

惑，私自截留了部分本该移交医院骑士团的财产。

有些祖上将地产或财产赠予圣殿骑士团的家族，在圣殿骑士团解散的情况下，也想收回原先的资产。这样做倒不一定是为了钱，拿回的资产通常很快又会转赠给其他骑士团或教会机构。最后，医院骑士团的确接收了部分财产和地产，但这些地产大都负债累累。在最后几年，圣殿骑士团执着于政治活动，没有投入精力进行资产管理。

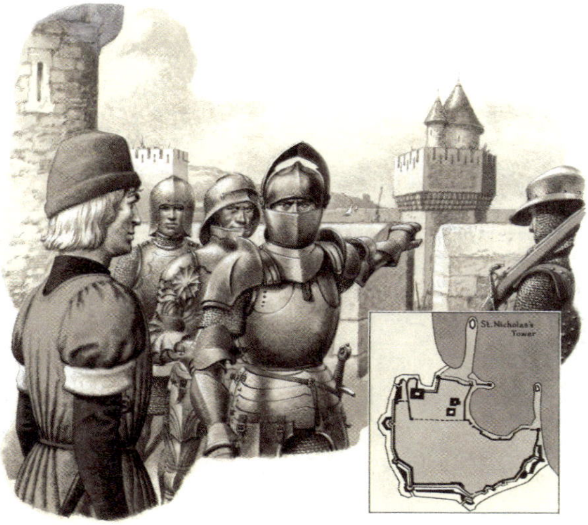

上图：医院骑士团在罗得岛的总部。

圣托马斯的“烦恼”

圣殿骑士团轰轰烈烈地退出了历史舞台，而圣托马斯骑士团则在没落中黯然离场。自阿卡城陷落以来，他们一直在低谷中。

彼时，他们和其他十字军残部一起转移到塞浦路斯，在首都尼科西亚建造了壮丽的圣尼古拉教堂（在奥斯曼帝国时代，教堂被用作市场）。圣托马斯骑士团接受现实，从军事斗争中抽身而出，致力于与十字军相关的慈善工作。但其内部的政治斗争——特别是塞浦路斯和总部伦敦之间的斗争——导致其实力不断下滑，最终以经济上的破产告终。此后圣托马斯骑士团只余一具空壳，苟延残喘至16世纪。

当时，医院骑士团开销很大。罗得岛围城战历经三年才艰难取胜，而在岛上巩固胜利成果又消耗了大笔资金。罗得岛上防御工事的修建一直持续至15世纪。况且，医院骑士团本身的日常开支就是一大笔费用。

此外，医院骑士团还要从零开始建立一支海上作战队伍——当然，这支队伍目前已经可以自食其力。这一时期，别说发起东征，医院骑士团压根就没动过东征的念头。他们忙着在海上抢劫来自伊斯兰世界的船只，扣留船只和货物，绑架乘客中的达官贵人，索要赎金。

爱琴海上的争锋

在医院骑士团的定义中，“来自伊斯兰世界的海船”当然包括与土耳其和埃及马穆鲁克王朝交易的基督教国家的船只，因此来自热那亚的船只也遭到了医院骑士团的袭击。1311年，热那亚商人要求归还几艘被医院骑士团劫持的船只，他们来到安纳托利亚西南地区的门特瑟，向当地米苏德贝伊（约1282—1319年在任，贝伊是对土耳其总督的称呼）寻求海上支援，对抗医院骑士团。

双方先在爱琴海周围开展了一系列零星的小规模对攻，随后战况逐渐升级，1312年阿玛格斯战役开战。土耳其军队在赛克拉迪群岛最东端登陆，遭到医院骑士团的偷袭，23艘战船被焚烧，骑士们登船与土耳其船员展开近身搏斗。双方均伤亡惨重，但土耳其人损失更大，800多名土耳其水手和士兵在此战中丧生。

医院骑士团虽然伤亡惨重，但是他们给土耳其人造成的损失更大。

七年后，土耳其一方出动艾丁人的军队再次攻打罗得岛。艾丁贝伊国是个刚崭露头角的海盗王朝，位于安纳托利亚海岸最西边。其开国君主穆罕默德贝伊（1308—1334年在位）占领了重要港口以弗所，并将领土向南扩张。从这里出发，他率领舰队朝医院骑士团疾扑而去。

在希俄斯岛，穆罕默德与医院骑士团遭遇。穆罕默德很快就后悔了，因为在随后的战斗中，他有三分之二的舰队被击沉。不过，穆罕默德很沉得住气，在他和其继任者的统治下，艾丁王朝最终作为爱琴海的海上霸主崛起。

下图：奥古斯特·艾蒂安·弗朗索瓦·梅尔1841年的作品，刻画了1323年医院骑士团在塞浦路斯的埃皮斯科皮作战的场景。

加莱船——灵巧与速度的融合

中世纪时期，地中海上航行的战舰为加莱桨帆船。加莱船在意大利语中意为“修长的桨帆船”。这种战舰形状狭长，一般长约40米，最宽处5—6米。加莱船外形优美，当然，敌人就无心欣赏它的美丽了。加莱船两侧配有船桨，船速极快，可以瞬间将敌人击溃。

依赖人力划桨助推的船，例如维京长船，已经不再航行于大西洋上。而在相对平静的地中海，桨帆船还是非常实用的。再者，地中海风向多变，对加莱船来说是十分有利的条件。另外，爱琴海空间有限，加莱船在短距离航行中速度很快，这一点至关重要。

加莱船与古典时代的桨帆船有很多共同之处，但两者也存在重要差异。加莱船船身不再像以前那样笨重，船头水线处的冲角被取消了，这使得加莱船能够直接碰撞敌船，使对方船员失去平衡，己方士兵更容易登上敌船。

荷马笔下的英雄使用简单的舵桨来控制船的方向，经过多个世纪的发展，加莱船上配备的是早期的舷边舵桨。和古代的船桨一样，舷边舵桨装在靠近船尾处两侧，并非在船尾。受中世纪阿拉伯人的影响，加莱船使用的是斜桁大三角帆（通常有两个），这一点可能会令希腊和罗马的航海家感到惊讶。

随着艾丁人势力的壮大，他们对爱琴海地区的航运威胁也越来越大。西方船只不断遭到攻击，西方世界的贸易利润也受到了损害。医院骑士团与各个基督教国家联合起来，与艾丁强大的海军舰队抗衡。盟军获得了教皇的支持，但其实各国的参战动机都非常现实。基督教欧洲希望自己的商船能够在海上自由航行，不受土耳其人的干扰，从而攫取巨额利润。

1333年，医院骑士团与威尼斯共和国共同组建了一支舰队，用以对抗

桨手有专门的坐凳，每支桨配1—3名桨手，坐凳装在抬高的平台上，这样不会妨碍其他船员工作。当时的桨手还没有由奴隶或犯人担任——奴隶或犯人担任桨手是后来的事情——而是由经过专门训练的士兵担任。

下图：十字军士兵搭乘加莱船参战。

安纳托利亚西北部崛起的新势力卡雷西贝伊国。双方各提供10艘战舰，另加上法国、教皇国和塞浦路斯等几方派出的14艘战舰，打造出了一支实力不容小觑的战队。1334年秋，战斗在亚大米田海湾打响，十字军一方取得了一场令人瞩目的胜利。战争中200艘战舰被击沉，数千名土耳其士兵身亡。

据说多达200艘战舰被击沉。

下图：一幅充满敌意的漫画。克莱芒六世被放进了一口大锅里，画中的公鸡（意为“高卢人的”）象征他对祖国法国的忠诚。

克莱芒的东征

尽管亚大米田战役令人印象深刻，但与士麦那十字军东征（1344—1351）相比，它就不足为道了。这场战役因攻打目标是士麦那（今伊兹密尔）

而得名。当时这座古老的海港是艾丁人的大本营。时任艾丁人领导是乌木尔贝伊（1334—1348年在位），他是一位极具天赋的海军将领。此时基督教徒正与艾丁人展开海上竞争。

克莱芒六世（1342—1352年在位）将此钦点为“十字军东征”，令基督世界为之欢欣鼓舞。克莱芒六世是阿维尼翁的第四任教皇。他热爱法国，在很多政策上都偏向法国国王腓力六世（1328—1350年在位）。当然，克莱芒六世坚信自己也有责任捍卫信仰，有必要的话，将使用军事手段。阿卡城陷落已经过去了半个世纪，许多人已将东征抛在了脑后，而他仍然天真地坚持十字军东征的理想。

1344年5月，帕勒涅半岛战役打响。希腊北部马其顿的哈尔基季基半岛末端有几个岬角，向西、向南、向东等几个方向呈指状排列，帕勒涅半岛就位于最西端的岬角。来自教皇国、威尼斯和塞浦路斯的船只与医院骑士团的船只会合，但这支基督教联合舰队总共只有24艘战船，而土耳其战船则多达60艘。

虽然处于劣势，基督徒的加莱船还是略胜一筹，将敌军逼入了今锡索尼亚岬角的一个海湾，这里离斯基亚村不远 。他们放火焚烧了土耳其船只，惊恐万状的船员朝岸边逃窜。这一战至少有52艘土耳其战船被毁。

士麦那僵局

十字军舰队随后前往士麦那，数月后登陆，先占领了港口和城市的大部地区，进而围攻当地的军事要塞。在这里，十字军遭到土耳其守军的誓死抵抗。

不久，土耳其援军赶来，对十字军形成了反包围。十字军咬紧牙关，硬撑了两年，直到1347年5月，医院骑士团带领的救援军队才成功解围。在这之前，援军在伊姆布罗斯岛击败了一支大规模的土耳其舰队。这是一次了不起的胜利，但也只是部分达成了十字军东征的目标，基督徒仅控制了

上图：法国浪漫主义艺术家亨利·狄拉伯德的作品，表现了医院骑士团收复亚美尼亚的场景。

士麦那港附近的南部地区。

1351年，克莱芒六世的身体状况迅速恶化，对十字军东征也提不起劲了。不过，基督教军队还是在此坚持了整整半个世纪，一次又一次地击退土耳其人的反攻。这次胜利虽没有受到赞颂，但依然令人敬佩。西方国家并没有从中获得多少好处，不过它确实让土耳其人感到丢脸。

亚历山大港浩劫

现在，有人谴责十字军东征是一场贪婪的战争，指出东征实质上是早期的殖民主义。不过，这些人目前只能发挥“牛虻”[1]的作用。事实证明，十字军东征的确有着复杂的动机，但要说整个十字军东征不过是投机分子的一个骗局，也缺乏证据。

但亚历山大港十字军东征是一个例外，这次东征似乎证明了“牛虻”的观点。东征于1365年发动，由塞浦路斯国王彼得一世（1358—1369年在位）统领。这仍然是一次真正意义上的十字军东征，为这次东征祈福的，是教皇乌尔班五世（1362—1370年在位）。欧洲主要国家的王公贵族纷纷对彼得一世竖起大拇指，称赞他对信仰的虔诚，以及敢于挑战马穆鲁克人的勇气。

1365年6月，彼得一世率领160多艘战舰从威尼斯起航，途经罗得岛前往埃及。一支医院骑士团分队在罗得岛加入了东征队伍。大约10月9日，东征大军到达亚历山大港，攻破了这个防守薄弱的港口城市。彼得和他的军队在全城烧杀抢掠，暴行持续了三天三夜。至少2万名居民被屠杀，包括儿童。战利品装了大约70艘船，5000名当地居民被俘，成为奴隶。此时，一支马穆鲁克的军队正在逼近，十字军认为还是小心为妙。于是他们赶紧上船，扯帆扬长而去。

右图：乌尔班五世也许曾为亚历山大港十字军东征赐福，但这并不能证明这次东征是正义的。

[1] 希腊哲学家苏格拉底自比为牛虻，说自己甘冒天下之大不韪，针砭社会时弊。英语中，社会牛虻（social gadfly）指的就是这类人。——译者注

第 6 章

围城攻心战

宗教骑士团在15世纪立下许多战功，但是曾经创造他们的世界，却在慢慢坍塌。

前页图：纪尧姆·科尔辛的《罗得岛大围攻》中的插图，表现了皮埃尔·德·奥布森视察医院骑士团在罗得岛的防御工事的情景。

1522年，从6月下旬到7月底，罗得岛围攻战悬而未决，盛夏酷暑难耐，更加剧了参战双方因战事胶着而带来的焦虑。大敌当前，无人消受岛上懒洋洋的夏日风情，整个罗得岛笼罩在一种凝重的氛围里。此时前线战事正酣，双方激战不休，战场上一片紧急慌乱的景象。

激战罗得岛

对这场战事，双方都倾尽全力。守方顽强抵抗，攻方则在火力凶猛的八门大炮掩护下，修建土木工事，然后不断发动猛攻。城内，医院骑士及基督教军队架起庞大的投石机，向土耳其人发

上图：罗得岛大围攻时医院骑士团的大团长皮埃尔·德·奥布森。

射巨石。大团长皮埃尔·德·奥布森（1476—1503年在任）带领的医院骑士团也配备有巨型的臼炮。面对骑士团的猛烈炮火，奥斯曼军队修建攻城工事的脚步没有停止，他们速度虽慢，但不可阻挡，一点点地往前推进。城墙下的护墙沟渐渐被填平，护城墙对于土耳其军队来说已近在咫尺。

基督守军在护城外墙上打入木桩，使敌军的攻城梯无法搭靠城墙；他们还铺上以芦苇和树枝编织的垫子，用来缓冲炮弹对城墙的冲击。守军做了最坏的打算，在城楼过道上，他们堆放了一桶桶焦油、火药和硫黄，随时可以点燃，引发爆炸。土耳其人不断喊话诱降，用箭将劝降信射到城楼上，声称投降的人可得到宽大处理，顽抗到底的则从严处置（他们恐吓说，已经准备了8000根削尖的木桩，严惩顽抗之徒）。城内的人虽然知道这是对手试图分裂骑士团和岛上的希腊居民，但是这个消息还是带来了恐慌。

时间一天天过去，双方都没有取得突破。气温逐渐下降，人们的耐心也将耗尽。11月，奥斯曼军队统帅梅希德帕夏（？—1501，帕夏是奥斯曼帝国的高官）不愿再继续等待了。接近月底的时候，他

上图：梅希德帕夏的画像。

对手下军官发出进攻的指示。11月27日，袭击前夕，土耳其人祈求真主安拉保佑他们取胜。他们以水净身，准备迎接战斗。

此刻，土耳其炮手加大了轰炸城墙的火力。许多地方的城墙已成为一堆瓦砾。讽刺的是，土耳其人从攻城工事高处进攻，残破的城墙已经无法对土耳其军队构成阻碍，却成了基督守军的阻碍。基督士兵不得不爬上瓦砾堆，才能到达他们的攻击点。

“神兵天降”

11月28日是星期五，这天早上，新的进攻开始了。一支2500人的土耳其突击部队占领了城墙，在他们身后，2万大军如潮水般涌来。医院骑士团在面对海啸般的敌军时，竟然没有退缩，这只能用“奇迹”来形容。骑士团总共只有250名骑士，加上两三千名当地士兵和雇佣兵，他们在人数上被土

上图：1480年围攻战中向罗得岛前进的土耳其舰队，图片出自15世纪的手抄书。

耳其军队彻底碾压。

经过短暂修整，骑士们随即进行了英勇的反击。他们身先士卒，冲在最前面，从两侧包抄土耳其军队的先头部队，将他们逼进城楼上狭窄的过道处，然后将数百名土耳其军队士兵扔到城楼下的街道上，在这里，满腔怒火的基督守军将把他们碎尸万段。骑士们虽拼死抵抗，无奈兵力过于悬殊，看来，他们只能战死沙场了。

为了维护自己的信仰和荣誉，骑士们早已将生死置之度外。在罗得岛的城墙上，土耳其军队升起他们用夺目金银线装饰的大旗，暂处上风的土耳其军队好不得意。骑士们也不甘示弱，高举他们辉煌灿烂的旗帜。旗帜的中心是钉在十字架上的耶稣，两边是施洗约翰和圣母玛利亚。

医院骑士团的旗帜高高飘扬，映在天空中，这时出现一幕让人惊叹的景象。根据骑士团成员纪尧姆·科尔辛（1430—1501）所记的编年史，土耳其人抬头望向天空，看到了不可思议的一幕，辽阔的天空中映照出的，竟然是城墙下医院骑士团的旗帜。那旗帜上的十字架金光灿灿，照亮了浩瀚翻腾的云层。十字架一边的圣母玛利亚身着耀眼的白袍，左手持金碧辉煌的盾牌，右手高举锐利的长矛。十字架另一边的是衣衫简朴的施洗约翰，他身穿兽皮和骆驼毛制成的衣物，一群骑士身着闪亮的盔甲，簇拥着他，穿过天廷前来拯救罗得岛。

土耳其人被眼前的一幕惊呆了，恐惧之下四散而逃，骑士团赢得了最后的胜利。梅希德不得不带领入侵大军打道回府。

旧时代的远去

好一场精彩绝伦的……“灯光秀”？作为1480年罗得岛围攻的终局之战，它是否意味着信仰时代（中世纪）的落幕呢？奇怪的是，作为战争的另一方，土耳其人在其相关历史中并没提及这场大决战。据科尔辛的推

上图：土耳其指挥官在讨论下一步的行动，希望打破僵局。图片出自纪尧姆·科尔辛的《罗得岛大围攻》。

上图：罗得岛围攻战中土耳其人的大炮，为了方便携带，可以拆卸为两部分。

测，可能他们觉得太丢人了。

终局战役中，对于作战双方，宗教仪式在神灵现身之前都扮演重要角色（比如奥斯曼军队的净身、医院骑士团的旗帜），这一点颇引人关注。另一方面，围城战中双方都使用了臼炮和加农炮，这是史无前例的。

在“灯光秀”上演之前，大部分城墙已经被大炮夷为平地。骑士团一手打造的军事防御工程，曾称霸多个世纪，一夕之间惨遭淘汰。中世纪的观念和行事方法似乎也落得同样的结局。科学的发展促进了技术的进步，而技术的进步又必将影响到范畴更广的文化上的发展。

有学者认为文艺复兴始于13世纪，以但丁（1265—1321）发表杰作《神曲》为标志；或始于14世纪，彼时意大利诗人彼特拉克（1304—1374）在创作抒情诗时，采用了一种全新的充满自信的表达方式，为后来的画家和雕塑家开辟了新的发展的道路。罗得岛围攻战发生那年，佛罗伦萨杰出的艺术赞助人洛伦佐·德·美第奇（1449—1492）

31岁，据说当时客居他家的一位年轻艺术家，就是莱昂纳多·达·芬奇（1452—1519）。

当然，大炮不是诗歌[①]，但两者都可以代表一种积极进取的精神，这种精神几乎出现在当时所有的领域，从医学到雕塑，从哲学到航海。文艺复兴时期的人文主义并没有放弃对上帝的信仰，但它也相信人类具有无限的能力。

不难想象，如果鲍德温四世看到罗得岛“天降神兵”的一幕，应该不会震惊。教徒认为上帝是万能的，人间的稀世天才也无法超越上帝。但我们很难想象，一个15世纪的基督教指挥官，还会虔诚如300年前的鲍德温四世，为了向上帝祷告，按下军队进攻的暂停键。在蒙吉萨战役中，鲍德温四世就是如此贻误了战机，丧失了偷袭对手的机会。

在罗得岛战役中，医院骑士们将自身的勇气展现得淋漓尽致。而在火器时代，再也没有一个地方能像罗得岛这样，为骑士们提供一个展现自我的舞台了。伟大的骑士时代已经渐渐远去。毫无疑问，后来的宗教军事骑士团，其魅力只在于他们身上的怀旧气息，他们更像是一种浪漫的象征，而非严格意义上的士兵了。

条顿骑士团与普鲁士

在14世纪的大部分时间及15世纪早期，条顿骑士团是普鲁士真正的统治者。条顿骑士历尽艰辛终于在普鲁士建立了殖民地，臣民都已经基督化，他们的统治也逐渐牢固下来。

15世纪初，条顿骑士团的统治却受到了天主教国家波兰和立陶宛联合王朝的威胁。立陶宛大公瓦迪斯瓦夫二世·雅盖沃（1377—1434年在位）

---

① 英语中，大炮cannon的拼写与抒情诗canzone拼写接近。——译者注

原是异教徒，为了和波兰女王雅德维加（约1373—1399）联姻，在1386年改信天主教。这场婚姻非常划算，他因而成为波兰和立陶宛的主人。14世纪90年代，雅盖沃的势力范围已经扩大到南至特兰西瓦尼亚和摩尔达维亚（今摩尔多瓦），东临莫斯科，西达西里西亚的广大区域，他建立起一个强大的雅盖隆王朝。

上图：雅盖隆王朝两位开国君主，雅盖沃和雅德维加夫妇。

坦能堡悲剧

条顿骑士团与新崛起的斯拉夫王朝的战事一触即发。雅盖沃公然煽动骚乱，反抗骑士团，这让骑士团大为光火。1410年7月15日，双方在格林瓦尔德会战，这里也称为坦能堡，位于现在的波兰北部。骑士团约有2万名骑士，雅盖隆兵力更为强大。据《普鲁士编年史》记载：“波兰国王的军队实力之强大，无法形容。”据现代学者估计，波兰军队大概有3万人。两军皆包括数以千计的步兵、弩手和弓箭手，因此这场战役成为中世纪规模最大的战役之一。

条顿骑士团建立了当时最先进最精锐的炮兵部

队，但他们对自己的炮兵实力估计过高，只出动了小部分骑兵。不料一场雨水浇湿了火药，骑士团一下子陷入了非常被动的局面。在这紧要关头，又传来大团长乌尔里希·冯·容金根被害的消息，军队士气一落千丈，混乱中骑士们四处逃窜。

条顿骑士团此役不仅损兵折将，之后还交付了巨额赎金，以救回数千名被俘虏的骑士。他们从此元气大伤，几近崩溃。骑士团依然维持着表面的强大（毕竟他们还控制着整个普鲁士），但曾经的威慑力已不复存在。

为了弥补财政亏空，骑士团在全国大肆征税，更是激起一片怨声。15世纪中期，各地涌现一批相对强大且不受管束的贵族，普鲁士城市中产阶级由此兴起。1454年，新兴的中产阶级领导了一场广泛的大众起义，反抗条顿骑士的统治。起义持续了13年，虽最终被镇压，但骑士团也付出了极为惨重的代价。

下图：19世纪波兰画家扬·马特伊科的作品，表现了1410年条顿骑士团惨败于格林瓦尔德的情景。

但泽大屠杀

如果有人认为，条顿骑士并非自私自利、贪得无厌之徒，那么1308年条顿骑士团征服但泽（现波兰的格但斯克市）后的作为，算是彻底打破了这种幻想。条顿骑士团受当地总督博古萨的邀请前去但泽。这是个波罗的海港口，当时是“矮子国王”瓦迪斯瓦夫一世（1306—1333年在位）的领土。

位于波兰北部的但泽，以及波美拉尼亚和勃兰登堡，都没有臣服瓦迪斯瓦夫的统治，不愿并入统一的波兰王国的版图。[1]当时一群贵族发动叛乱，带领军队前来围攻但泽。瓦迪斯瓦夫国王忙于在南部地区镇压叛乱，无暇顾及但泽，博古萨于是请来了条顿骑士团解围。骑士团在海因里希·冯·普洛茨克的指挥下，很快解除了围攻，不过手段相当残暴。自那时起，在但泽问题上波兰与德意志就屡有争端，缺乏足够的史料，我们很难确定格但斯克屠杀[2]的规模。但可以肯定，骑士团对叛军进行了无情的镇压，城市街道上满目皆是尸体。关于死亡人数的争议非常大。波兰历史学家称，有多达1万人遭到屠杀。这个数字有些离谱，按现代标准来看，即使是中世纪最大的城市，规模也不过与现代的小城市相当，不可能有那么多人被杀。有学者认为伤亡人数只有几十人，肯定不足一百人。不过，准确数字已经无从知晓了。

之后，瓦迪斯瓦夫一世返回但泽，条顿骑士团索要解围的酬劳[3]，遭到波兰国王的拒绝。于是条顿骑士团对平民开火，将但泽夷为平地。

[1] 瓦迪斯瓦夫一世继承王位时，波兰分裂成许多小公国，他推动统一，将众多小国合并成一个王国，为将来波兰的发展打下坚实的基础。——译者注

[2] 但泽为德语音译，1308年条顿骑士团征服该地后开始使用。格但斯克是该地在波兰语中的称呼。——译者注

[3] 瓦迪斯瓦夫一世曾对条顿骑士团许诺，解除对但泽的围困后，将赠予厚礼。——译者注

在葡萄牙，由于若昂一世（1385—1433年在位）成为国王，阿维什骑士团在政坛取得了重大的进展（虽然有悖伦理）。若昂一世是国王佩德罗一世（1357—1367年在位）与其情妇的私生子，所以他一直无法成为合法的王位继承人。其母特雷莎·洛伦佐（约1330—？）是一位里斯本商人的女儿。1364年，若昂一世被任命为阿维什骑士团的大团长，作为对他的一种安慰。1385年，他成为葡萄牙国王。

上图：葡萄牙国王若昂一世双手合十，以示虔诚。（也可能只是惺惺作态。）

葡萄牙王权争夺战

葡萄牙在任命王位继承人一事上不够慎重，20年后的事实证明了这件事，人们也到那时候才明白过来。彼时佩德罗一世（嫡出）的儿子以及（合法的）王位继承人费迪南德一世（1367—1383年在位）已经去世，却没有留下继承人。不过他的遗孀莱昂

下图：阿维什骑士团的大团长若昂一世带领军队以少胜多，在阿勒祖巴洛特战役中打败了卡斯提尔人。

诺尔·特莱斯（约1350—1405）颇有才干，足以为他们的女儿贝娅特丽丝（约1373—1420）女王摄政。

当时，贝娅特丽丝与卡斯提尔国王胡安一世（1379—1390年在位）已经结婚，她继位会威胁葡萄牙国家主权的独立，因此若昂一世发动了反对

西班牙的支柱

信奉基督教的国王终于击退占领西班牙的摩尔人时，发现他们面对的是一个几乎一穷二白的国家，大片大片的土地被抛荒，许多地方经历了几十年甚至几百年的战乱，人口凋零，百废待举。这时卡拉特拉瓦骑士团站了出来，在这片混乱的土地上重建秩序，建立起基督教殖民地。

下图：1609年，摩尔人最终被逐出西班牙。

贝娅特丽丝的起义。若昂一世此举究竟是出于爱国热情还是个人野心，不得而知。他是阿维什骑士团的大团长，这相当于他拥有一支私人军队。

1383年12月，发生了一件轰动一时的大事，扭转了时局。若昂一世带领一队骑士杀了胡安·费尔南德斯·安德罗（约1320—1383）。这位加利

骑士团装备精良，有能力控制和巩固这些新征服的领土。同时，他们还具备强大的组织能力，让新领土有效运转起来。有了骑士团官员的带领，加上佃农的全力配合，一场农业革命在此兴起，肥沃的山谷转变为耕地，大片的高地开辟成为牧场。在卡斯提尔-拉曼恰省，骑士团在马拉贡、博拉诺斯德卡拉特拉瓦附近，以及雷阿尔城和瓜达拉哈拉省的瓦拉加都建立了领地。14世纪末，仅在卡斯提尔，骑士团就建立了50个领地，所辖领土超过1.5万平方千米，统领人口十万之众。

此后的几个世纪，西班牙的收复失地运动继续向南推进。13世纪，骑士团又在瓦伦西亚市的卡斯特尔德卡斯特尔建立了一系列的基地。

在科尔多瓦和哈恩之间的南部地区，胡安二世（1406—1454年在位）将大量的土地赠予驻扎瓜达尔基维尔河的骑士团，这些土地除了波尔库纳和托雷东希梅诺，还包括马尔托斯。讽刺的是，1275年，正是在马尔托斯，骑士团惨败于摩尔人之手。[1]此事当能博得胡安二世会心一笑。从历史上看，卡拉特拉瓦骑士团不仅在收复运动中发挥了重要的军事作用，在西班牙早期的行政和经济发展中也扮演了重要角色。

[1] 指1275年的马尔托斯战役，这是西班牙收复失地运动中的一次小型战役，交战双方为格拉纳达王国和卡斯提尔王国，战争以后者惨败告终。——译者注

西亚伯爵对于莱昂诺尔具有重要的意义，不仅是她的保护人，据传也是她的情人。莱昂诺尔随后被驱逐出境。她到女婿胡安一世那里寻求庇护和支持。1385年4月，若昂一世由议会推举为葡萄牙国王。胡安一世率领大军攻打葡萄牙，在阿勒祖巴洛特战役中，大败于若昂一世及其率领的骑士团。

帝国缔造者

若昂建立的王朝史称阿维什王朝，其统治延续至16世纪末。若昂的第四个儿子恩里克（1394—1460）有“航海家亨利王子”的美誉。他也许注定不能成为一国之君，但他支持和推动了葡萄牙的航海探险事业，葡萄牙由此踏上帝国之路。

恩里克的哥哥杜亚尔特一世（1433—1438年在位）在葡萄牙的帝国之路上迈出了第一步。休达位于北非沿岸的直布罗陀海峡附近，与之隔岸相望不远处就是西班牙。七个世纪以前，摩尔人从这里出发，入侵伊比利亚半岛，因此杜亚尔特一世下令远征休达就顺理成章了。与十字军东征的目的相比，他的远征目的更为世俗。

下图：在征服休达的战争中，年轻的亨利王子正在视察战情，彼时他航海家的名号尚未打响。

圣王子

费迪南德亲王（1402—1443）是若昂一世最小的儿子，被称为“圣王子”。费迪南德身体羸弱，在相对封闭的环境中长大。他个性害羞胆小，是虔诚的基督徒，不过并没在教会中任职。

这些都没妨碍他在1434年成为阿维什骑士团的大团长。1437年，他带领骑士团参加哥哥亨利（恩里克）领导的大军，远征当时掌握在摩洛哥的马林王朝统治者手中的丹吉尔。对费迪南德来说，这不仅仅是一次冒险，也是一次“十字军东征”——这正是骑士团建立的初衷。不幸的是，丹吉尔围攻战以葡萄牙失败告终。亨利实在是个糟糕的军事将领，他不仅没拿下丹吉尔，他的弟弟费迪南德也被俘了。费迪南德余生都在囚禁中度过。

费迪南德于1443年去世，阿维什王朝大肆宣传并神化他的死亡，意图弱化亨利在费迪南德被俘一事上暴露出的无能。这一举动也将费迪南德推上了圣坛，将其升华至为国家和教会捐躯的烈士。

下图：一张表现丹吉尔之战的葡萄牙地毯。（地毯制作精良，渲染出这次战役恢宏壮阔的气势，虽然真实情况并非如此。）

1415年8月，杜亚尔特一世从海上突袭休达，攻陷了这座摩洛哥城市。此举不仅让葡萄牙在非洲建立了殖民根据地，还表明西班牙基督教君王要将收复失地运动推进至摩尔人的家园。

一支大约由200艘战船、4.5万名士兵组成的舰队停靠在休达城外的海岸处，领军的正是阿维什骑士团。根据葡萄牙编年史学家戈梅斯·埃亚内斯·德·阿祖拉拉（约1410—1474）的记载："交战双方在战斗中均表现出无比的斗志，激烈的厮杀声甚至跨越直布罗陀海峡，直达对岸。"基督徒士兵遭遇了摩尔人的顽强反抗。德·阿祖拉拉这样描述：

> 大量敌军聚集在城墙上，且兵力还在不断增强。为了守护城门，敌军在城墙上对下面的基督徒士兵投掷石块和武器。
>
> 摩尔人愤怒至极，弹尽粮绝后，他们奋不顾身，纵身扑向基督徒；摩尔人孤军奋战，对抗数量庞大的敌军，宁死不屈……

经过数小时的激战，休达陷落。不过，这场胜仗没有多大的实际意义。除非丹吉尔也被拿下，否则葡萄牙不可能真正掌控摩洛哥，也无法控制撒哈拉地区的贸易。

基督骑士团

圣殿骑士所代表的理想影响极为深远，时至今日，闻之依然令人振奋鼓舞，在他们所处的时代，自然更是人们关注的焦点。圣殿骑士团遭到镇压不过数年，葡萄牙国王丹尼斯一世（1279—1325年在位）就建立了基督骑士团，并将总部设在圣塔伦区的托马尔市，这里也是圣殿骑士团托马尔总部的旧址。他说服教皇约翰二十二世（1316—1334年在位）给予新骑士团合法地位，还允许他们接手圣殿骑士团在葡萄牙的财产。

托马尔的基督修道院是一座无比坚固的城堡，12世纪曾数次修葺扩

十字架与卡拉维尔帆船

葡萄牙的殖民扩张是“地理大发现”的重要组成部分，基督骑士团是其重要的推动力量。“航海家”亨利王子自1417年开始担任骑士团的大团长；杜亚尔特一世准许骑士团获得新征服领土的主权，阿方索五世（1438—1481年在位）则允许骑士团可以从任何一笔海外贸易中收取5%的利润。据说萨格里什的航海学校就是由骑士团资助建成的，用以训练海员。

达·伽马（约1460—1524）晚年加入基督骑士团，此前他已绕过好望角远航至印度。他加入骑士团应该是出于宗教方面的目的，毕竟本质上，出海远航也可算是一种（间接的）“十字军东征”。历史学家奈杰尔·克利夫非常赞同这一观点。他认为，地理大发现不仅仅是航海家之间的竞争，也不仅是15世纪欧洲列强之间的殖民地之争，因而不能简单地将其视为帝国主义的探险活动。例如，印度的财富可以为十字军东征提供资金支持，从而达成东征的最终目标。克利夫认为，达·伽马远航的目的是寻找海上丝绸之路，他在航海过程中与穆斯林发生过多次正面冲突[1]，可以说，达·伽马开展航海探险的同时，也在进行军事远征。

下图：航海途中的达·伽马。

[1] 达·伽马是一个优秀的航海家，但许多人他认为倾向于用暴力手段解决问题，在航海过程中常用战争、武力、威胁等手段迫使沿途的国家臣服。——译者注

建。修道院气势恢宏，最初的设计体现了圣殿的传统：圆顶、罗马风格，与耶路撒冷的圆顶清真寺相似。15世纪时，圆顶教堂旁又建造了长方形的教堂中殿，使得整座教堂少了几分原先简朴的风格，更添几分宏伟的气势。骑士团大团长的官邸也在修道院内。

托马尔城不远处，是建于13世纪的圣玛利亚多奥利瓦尔教堂（英语意为“橄榄园的圣母”），超过20名圣殿骑士团大团长长眠于此。在地理大发现时代，葡萄牙帝国扩张至非洲、亚洲和新大陆（美洲），这个教堂就成为那些地区基督徒的“母教堂”[①]。总之，在中世纪，托马尔城称得上是一座美丽迷人的城市。在21世纪，对于那些喜欢圣殿骑士传说的游客来说，这里俨然成为一处圣地。游客为何而来，这个问题并无准确答案，至于他们有何发现，答案就更五花八门了。但他们有一个共识：圣殿骑士必定掌握了些“惊世秘闻”，这个认知不曾改变。

马穆鲁克的威胁

在爱琴海地区，医院骑士团也面临不断增长的外部压力。罗得岛似乎远离了基督教世界。1444年，骑士团击退了一次大规模围攻。这次围攻由埃及的马穆鲁克王朝发动。8月10日，一支装备了85艘船的舰队悍然杀至罗得岛的西北海岸，这里距都城不过数英里之遥。此前，他们已经沿路夺取了骑士团控制的卡斯特洛里佐岛。

马穆鲁克大军直奔罗得城的西城墙，集聚在圣安东尼门前，这里通常被视为罗得城守卫薄弱之处。同时，第二支马穆鲁克军队向南推进，从东部包围医院骑士团的大本营。

战争初期，马穆鲁克军队一直处于上风，直到一队由法国人和加泰罗尼亚人组成的英勇骑士不顾个人安危，趁敌人不防，发动了一次突袭，造

---

① 此处指作为其他教堂原型的主教堂。——译者注

上图：饱经沧桑的罗得岛圣安东尼门，本是一座坚不可摧的堡垒，曾历经一次大规模的重建。

成敌军重大伤亡。几天后，一队加泰罗尼亚骑士又在圣安东尼门发动了第二次突袭，彻底打垮了敌人的士气。9月中旬，抵达罗得岛仅一月有余，马穆鲁克军队就匆匆撤退。

突然解除的危机

对于医院骑士团来说，马穆鲁克人离胜利其实只有一步之遥，这实在让他们寝食难安。1480年，土耳其人重创医院骑士团。当时战争中出现异象，土耳其人溃逃。这更让医院骑士团深信，自己所执着追求的是正义的事业。但是他们也陷入了思考，如果没有上帝的援助，战争又会走向何方呢？

圣莫里斯骑士团

“敌对教皇”[1]——费利克斯五世（1439—1449年在位），即萨伏依的阿梅迪奥伯爵（1383—1451），同时也是一位世俗贵族。设立敌对教皇的目的是对抗罗马天主教会推选出的教皇。作为敌对教皇，费利克斯五世的地位遭到了质疑。他在1434年建立圣莫里斯骑士团，由此看来，他个人对上帝的虔诚是毋庸置疑的。这个军事骑士团的名字源自圣徒莫里斯，他是罗马帝国底比斯军团的团长。285年，他带领整个军团皈依基督教。次年，军团的6600名罗马士兵被处决，集体殉道。[2]圣莫里斯在整个阿尔卑斯山地区广受膜拜，由于他的形象是一名骑士，自然也就成了骑士团的守护者。

依照骑士团的惯例，圣莫里斯骑士团在萨伏依获得了大量的土地和财

[1] 其他译名有对立教皇、伪教皇、反教皇等，一般指由罗马天主教会以外的教会所选举的教皇，最早的敌对教皇是3世纪的希波里图斯，费利克斯五世是最后一位敌对教皇。——译者注

[2] 据5世纪一名法国主教记载，罗马皇帝马克西米安下令底比斯军团镇压基督徒的叛乱，皈依基督教的军团拒绝执行命令，被集体处决。——译者注

土耳其人精神上也受到了沉重打击。于他们而言，夺取罗得岛应如探囊取物，却以失败告终，真是令人失望透顶。土耳其人难以接受失败所带来的羞辱。

毕竟，这一时期土耳其人一直受到胜利女神的眷顾。几百年来，拜占庭帝国的首都君士坦丁堡数次挡住了土耳其人的进攻。但在1453年，君士坦丁堡最终失陷于人称“征服者”的穆罕默德二世（1444—1446和1451—1481年在位）之手。一个强大的新帝国——奥斯曼帝国在此崛起，君士坦丁堡改名为伊斯坦布尔，成为帝国中心。帝国的名字源自奥斯曼王朝的创始人，14世纪的奥斯曼一世。

富，随之而来的还有政治上的影响力。至于骑士团在战场上的荣誉，人们所知甚少。骑士团似乎拥有几艘加莱战舰，据说还曾和医院骑士团的战舰一起出海，但缺乏证据。

右图：埃尔·格列柯的作品《圣莫里斯殉难》，画中前景表现的是圣徒不愿崇拜异教的神明；远景呈现了圣徒被屠杀后，由天使带领升天的情景。

上图：1453年，穆罕默德二世带领军队前往君士坦丁堡。

穆罕默德征服的脚步未曾到达罗得岛，他也没有亲临战场，见证部下被一群修士击退。虽然他和其他伟大的奥斯曼帝国领导者一样，是一位身先士卒的将领，但他当时正忙于欧洲东南部的战事，无暇分身。不过他决意征服罗得岛，于是决定派遣一支更强大的军队，再次远征罗得岛。

不料，穆罕默德二世在次年突然染病而亡，有谣言称他是被毒杀的。随后一场争夺王位继承权的斗争在巴耶塞特二世（1481—1512年在位）与他的弟弟杰姆（1459—1495）之间展开。医院骑士团意外地度过了一段轻松快活的日子。

上图：1453年，穆罕默德二世在君士坦丁堡围城战中指挥军队。

“得力干将”杰姆

1482年，为了躲避兄长巴耶塞特二世的追捕，杰姆逃至罗得岛，向医院骑士团寻求庇护。之后又去西方各国游说，争取军事支持，希望在基督教徒的帮助下推翻巴耶塞特二世。然而，骑士团大团长德·奥布森与巴耶塞特二世达成了一项秘密协议：只要他放弃攻打罗得岛，骑士团就会看紧杰姆，不会让他再生是非。于是，杰姆成为骑士团的囚徒。

巴耶塞特二世感激涕零，送给骑士团一份非常珍贵的礼物——施洗约翰的右手，也是给救世主耶稣洗礼的手。这份圣徒遗物除了带给骑士团宗教上的精神满足，还使他们兴奋地意识到，奥斯曼帝国逐渐以精神攻势取代以往的军事进攻。

纵深防御体系

整个罗得岛的军事防御体系，除了周围的石墙和土堤等防御工事外，还包括一套完善的预警系统。遍布多德卡尼斯群岛各个骑士团据点的城堡、瞭望塔，构成了一个完整的预警网络。据历史学家索尔特·匈雅提统计，罗得岛上有20多个前哨基地，其中卡斯特洛里佐岛9个、科斯岛8个、卡林诺斯岛5个，还有一些位于锡米岛、阿林尼亚岛和莱罗斯岛上。岛屿之间白天用烟雾发送信号，夜间则用火光示警。据说，1444年马穆鲁克人在攻打罗得岛之前，先攻占了卡斯特洛里佐岛，就是为了切断信号的传递。

土耳其人没有吸取马穆鲁克人的经验。1480年发动进攻时，忽略了阿林尼亚岛上前哨的战略作用。这使得医院骑士团在战争中占据有利地位。匈雅提指出，早在1470年，土耳其人就开始“帮助”（攻打）医院骑士团，“定期考验”这个预警系统了，这种考验将一直持续至16世纪。

尽管如此，医院骑士们仍然保持头脑清醒，无人幻想从此可以过高枕无忧的日子。而一旦杰姆去世，他们就失去了谈判的筹码。当然，他们还要面对一个更深层的问题：对于医院骑士团而言，与穆斯林统治者达成这样一种和解，就是他们追求的目标吗？没有人能回答这个问题，大家也只好心照不宣，将问题闷在心里。事实上，医院骑士团已经岌岌可危。

德·奥布森为人精明，他明白除了加强防守，骑士团别无他法。他着手加强罗得岛的防御工事。接下来的几十年里，他们对岛上各种防御工事进行加长、加高和加固，以期更好地抵御炮火。工事外墙体用砖石加固，墙体中心却以泥土填充，外硬内软，这种看似矛盾的设计可让城墙更好地承受炮弹的轰击，因为墙体中心的泥土可以起到缓冲炮弹撞击的作用。

上图：多德卡尼斯群岛上建有众多骑士团城堡，图中这座已毁坏的城堡位于科斯岛。

罗得岛的城墙也重新进行设计。新城墙为双层，内城墙更高，外墙被攻破后，在内墙上可以向进攻部队开火，等于将整座城的防御能力增强了一倍。圣乔治门进行了彻底的改造，整座建筑呈五边形，方便布置防御火力，功能相当于一个大型堡垒。另外圣约翰门和罗得岛海港入口处的圣尼古拉斯塔也都进行了重建。

右图：1482年，在罗得岛海港的一条船上，皮埃尔·德·奥布森会见逃亡的杰姆。

纪念骑士团神话

位于苏格兰中洛锡安区的罗斯林教堂建于15世纪中叶，此时距圣殿骑士团遭到镇压已经过了一个半世纪。不过，如前所述，圣殿骑士团的生命在其他骑士团身上得到延续，比如葡萄牙的基督骑士团。因此，圣殿骑士的神话因此延续至今。

最近，丹·布朗的小说《达·芬奇密码》（2003）再次激起人们对圣殿骑士团的兴趣。罗斯林教堂也在小说中客串出场。现在看来，宗教军事骑士团身上所笼罩的神秘色彩，既成就了他们的强大，也引发人们对他们的猜忌，从而导致了他们的毁灭。此后，这种神秘感就与骑士团的历史如影随形。

至于罗斯林教堂和圣殿骑士团是否存在关联，专家学者对此持怀疑态度。尽管所谓的真相解密形形色色，但史料（在现代不可知论者的眼里，这些史料就和小说一样离奇）表明，教堂由当地的辛克莱尔家族所建，既是家族的墓地，也作为祈祷场所使用。他们在这里举行一种专门为逝者祷告的弥撒仪式，这套仪式包括多轮连续不断的弥撒，以便辛克莱尔家族的灵魂能快速得到救赎。不过，1560年苏格兰宗教改革后，辛克莱尔家族的这种做法就中断了。

第 7 章

功难成，身渐退

16世纪，宗教骑士团的命运急转直下，他们真的能在新时代中找到自己的角色定位吗?

进入16世纪，又一轮的罗得岛围攻战开始了，依然由医院骑士团的宿敌奥斯曼土耳其人发动。苏丹苏莱曼一世（1520—1526年在位）是穆罕默德二世的曾孙，1480年，他曾祖父的大军距离成功夺回罗得岛仅一步之遥。

在15世纪的那次围攻战中，医院骑士团一直处于下风。将骑士团的成功突围看作异象相助也好，一种纯粹的运气也好，它在很大程度上是不符合战争常理的。但今时已不同往日，在苏莱曼大帝的统治下，奥斯曼帝国的国力趋于鼎盛。就在一年前，他攻占了贝尔格莱德，不仅开辟了进入中欧的道路，还巩固了他在奥斯曼帝国的地位。

前页图：1480年，激烈的罗得岛围攻战中一幕。加莱战舰和地面部队联合进攻，医院骑士团猛烈还击。

医院骑士团选择罗得岛作为大本营，让土耳其人大为光火。罗得岛虽然名义上属于希腊，但是它与土耳其所在的安纳托利亚半岛近在咫尺，而且控制了罗得岛，就可以控制地中海的大片区域，这正是医院骑士团看中罗得岛的理由。

大军压境

下图：手执工事图纸的医院骑士团大团长亚当，他主持修建了罗得岛的防御工事。

医院骑士团时任大团长菲利普·德·维里尔斯·德·利尔·亚当（1521—1534年在任）在前任德·奥布森的基础上，继续修建罗得岛的防御工事。1480年围攻战的次年，岛上发生强烈地震，防御工事遭受损坏。震后骑士们修复并加固了损坏的工事。可以说，无论以何种标准衡量，罗得城的防御体系都非常强大。岛上有将近7000名驻军（包括700名医院骑士团骑士），这已经是罗得城最强的军事阵容了。

1522年6月，来势汹汹的苏莱曼大帝兵临罗得岛。苏莱曼大军有400艘战船和数千名海军陆战士兵，由大臣乔班·穆斯塔法帕夏（？—1529）统率。不过数日，大军就成功打击了岛上的防御力量。不过守军英勇抵抗，密集的炮火阻挡了苏莱曼大军的脚步，他们无法进入港口。苏莱曼大军在海上向岛内开火，破坏守军的航运，轰炸守军的港口设施和仓库。几十门陆基大炮在高地持续轰炸罗得城，终于在城墙上撕开了一个突破口。

7月初，苏莱曼大帝率领10万大军亲临，此时罗得城已遭受重创，而战争才刚刚开始。在随后的几周里，土耳其工兵在外城墙的重要位置挖壕，破坏重要据点，在薄弱处则放置炸药桶，炸毁城墙。这些措施取得了一定的效果，部分外墙崩塌，出现裂口。土耳其步兵冲进城内，但遭到内墙上基督守军的反击。

上图：苏莱曼一世的画像，相传是画家提香所作（约1530）。华丽的头饰抢了苏莱曼不少风头。

英勇抵抗

医院骑士团顽强不屈，英勇抵抗。土耳其军队在9月底依然没有拿下罗得城。穆斯塔法帕夏发动最后一次全力出击，但被骑士团击退。愤怒的苏莱曼将穆斯塔法就地免职，幸亏旁人极力劝阻，才未将其处决。

他的继任者艾哈迈德帕夏（？—1524）虽取得了一些进展，但并没扭转局势，始终无法拿下罗得城。11月下旬，艾哈迈德做了最后的努力，依然铩羽而归。

此时双方兵力大损，都无心恋战，也没能力击

右图：1522 年罗得岛大围攻中，奥斯曼军队在攻打罗得城的一个城门。

垮对方。基督军队一方损失了5000人，这是他们一大半的兵力，而幸存的士兵也在忍饥挨饿。土耳其一方虽然也遭受巨大损失，但还维持着表面上的强大。不过军中疫病流行，士气已接近崩溃。苏莱曼最终决定和基督徒和谈。

被逐出罗得岛

苏莱曼认为己方仍占据上风，当骑士团对议和条件提出些许（苏莱曼所认为的）异议时，苏莱曼觉得自己有足够的理由表示愤怒。他命令部队再次发动进攻，直至降服基督徒。2月22日，骑士团最终缴械投降。虽然经历数月苦战，但苏莱曼对骑士还是相当宽宏大量的。

苏莱曼和他的几代先辈虽致力于将医院骑士团逐出罗得岛，但除此之外，他似乎也没有其他打算。骑士团可以毫发无损地离开（他们有12天的时间打点离岛事宜），可以携带财物，包括50艘船和各色武器，以及他们的宗教珍宝（各类圣物，如法衣、经文、圣杯、圣匣、十字架等）。留在岛上的基督徒会得到保护，他们的房产和教堂不会被破坏，宗教权力和信仰也可以保留。

事实上，医院骑士团前脚安全离开，土耳其军

下图：医院骑士团大团长亚当与苏莱曼一世商谈投降事宜，结束了长达五个月的围攻战。

队后脚就在罗得城内开始了杀戮抢掠。

医院骑士们先抵达克里特岛，之后又迅速前往西西里岛，大部分人马在此落脚，大团长亚当则四处寻找其他的定居地点。1530年，神圣罗马帝国皇帝查理五世（1519—1556年在位）将马耳他岛，包括附近的戈佐岛和科米诺岛，赠予骑士团作为驻地。

对抗罗马教廷的新教

1522年9月，苏莱曼大军在罗得岛围攻医院骑士团的时候，西方世界也在经历一场危机。从表面看，只是《新约全书》推出了德语译本，基督徒大可不必过于忧虑。但这个译者不是别人，正是马丁·路德（1483—1546）。

马丁·路德是维滕贝格大学的一位神父、教授，他的“恶名”早已在罗马教廷中传扬开来。他公开抨击教会的腐败，将矛头直指售卖赎罪券（教

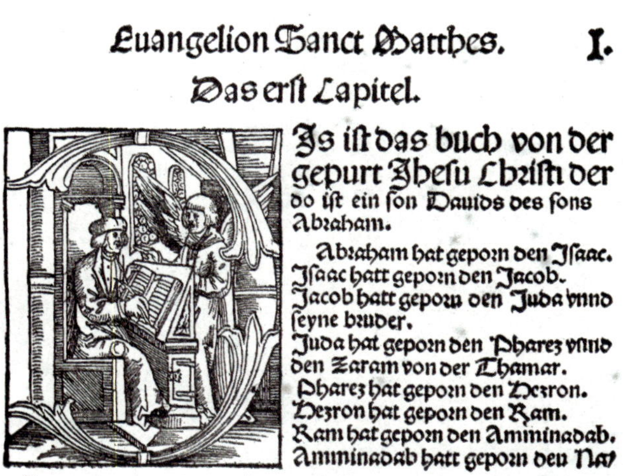
Euangelion Sanct Matthes. I.
Das erst Capitel.
Js ist das buch von der
gepurt Jhesu Christi der
do ist ein son Dauids des sons
Abraham.
Abraham hat geporn den Jsaac.
Jsaac hatt geporn den Jacob.
Jacob hatt geporn den Juda vnnd
seyne bruder.
Juda hat geporn den Pharez vnnd
den Zaram von der Thamar.
Pharez hat geporn den Hezron.
Hezron hat geporn den Ram.
Ram hat geporn den Amminadab.
Amminadab hatt geporn den Na

右图：马丁·路德翻译的德语版《新约全书》（图中为《马太福音》的开篇）影响颇大，推动了宗教改革运动。

徒购买这种券后，可赦免罪罚）的行为。

他主张《圣经》的翻译应该通俗易懂，每一位信徒都可以自行阅读。在今天看来，即使是最虔诚的天主教徒，也无法对这个观点提出异议。但在当时，这个观点受到了教会的谴责。教会认为，没有受过教育的信徒，如果不经神父的引导来阅读《圣经》，他们将会误入歧途。为了保护这些信徒，《圣经》应当仍然仅用拉丁语书写。当时中产阶级作为新的阶层已在德意志——包括整个北欧——兴起。越来越多的人接受教育，具备阅读能力，教会这种担忧不过是杞人忧天，只显出了教会的傲慢自大。

新教是基督教一个新的支派，它提出，天主教无权掌握“天国的钥匙”，每个信徒都能直接和上帝沟通。教皇和神父是应当受到崇敬（从近代历史来看，他们似乎并不应当受到崇敬），但他们的言语不具有特别的权威。唯有《圣经》才是最高权威，每个信徒，无论男女，都有义务自行阅读。可以说，新教徒具有更高的道德责任感，他们认为购买赎罪券的做法毫无道理，反对通过一套呆板的祷告仪式就可获得救赎。

宗教改革运动

几个世纪以来，天主教占主导的欧洲一直与伊斯兰世界敌对，新教的出现意味着斗争方式的转变。在欧洲，虽说各种千奇百怪的宗教门派层出不穷，但新教这个新的对手来自基督教内部，且天主教徒觉得他们非常邪恶。新教徒不仅抵制教会的权威，而且从某种程度上说，也在抵制国家的权威。在是非判断上，新教徒往往遵从自己的内心，这会滋生无政府主义，天主教对此感到担忧。

天主教的担忧并非没有道理。作为一种宗教运动，新教主要影响的是城市中产阶级，但它提倡摆脱天主教的束缚，这个关于宗教解放的言论自城市往下渗透。在广大乡村地区，农民对地主积怨已久，新教启发了他们的反抗意识。而地主乡绅阶层则趁时局动荡，借机发动起义，反抗贵族领主。

德国农民战争

1524—1525年间的德国农民战争，是早期对条顿骑士团的一次考验。表面看，它不是一场宗教冲突，但随着战争的发展，它逐渐有了宗教冲突的性质，尤其当战争发生的地区存在压迫者与教会相勾结的情况时。作为军事修士团体，条顿骑士团首当其冲，成为农民起义的反抗目标。不过，这件事骑士团确实难辞其咎，他们自己就是既严苛又贪婪的大地主。

下图：农民攻占条顿骑士团的城堡。

在许多地方，起义首领放过当地乡绅的地产，专门指挥农民攻击条顿骑士团的领地，甚至骑士团

其他的宗教用地。比如在波森，该地现在称为波尔扎诺，位于意大利的蒂罗尔州。农民军领导人迈克尔·盖斯马耶（约1490—1532）将条顿骑士团在当地的总部作为首要攻击的目标，目的是夺取骑士团的财物，为他以后的战役提供资金。

参与德国农民战争的人来自不同阶层，将他们团结起来的，只有对条顿骑士团的仇恨。在巴登-符腾堡州的海尔布隆市，市议会的官员联合工匠、手工艺人和乡村中愤怒的农民，共同反抗骑士团。

农民军占领骑士团总部后，在总部餐厅举行了庆祝宴会。幸存的骑士被迫站在一旁，手拿帽子，为他们的“客人”服务。农民军开怀大笑，他们摇身变成了领主，而骑士们则沦为仆人。一些农民军闯入骑士团的金库，搬空里面的金银器皿，其他人则看中了各色美酒佳肴，以及精美的家具器物，他们个个满载而归。妇女们还把圣衣剪开，给自己和孩子做衣裳。

与众多平民起义一样，这次农民战争是一次“草根狂欢”——这种性质的起义不仅给人（至少是一部分人）带来极为美妙的体验，也是一场真正的狂欢。平民因为颠覆了传统等级制度而兴高采烈，以往高高在上的贵族被拉下马，以前的底层大众现在则翻身做了主人。

叛徒阿尔伯特

1525年，条顿骑士团大团长、勃兰登堡的阿尔伯特主教（1510—1515年在任）叛教，这也许是骑士团最大的耻辱。说服这位大团长皈依新教的正是马丁·路德。

天主教一派立即戳穿了阿尔伯特叛教的原因。一是为了获得结婚的权利，这是路德教派神职人员一项重要的权利，也是一种削弱罗马教廷统治的手段。阿尔伯特立即行使了这项关键的权利，于1526年和丹麦人多萝西娅（1504—1547）成婚。而另外一个原因，就是他要将条顿骑士团的领地转变成自己的公国，这同样出自马丁·路德的建议。

阿尔伯特成了最大的赢家。不过，他也碰到一些尴尬的事情。成立公国需要得到波兰国王西吉斯蒙德一世（1506—1548年在位）的首肯，而这位国王来自“旧教”。这意味着，一个信奉新教的公国，要对一个信奉天主教的国王宣誓效忠。条顿骑士团由此世俗化，其领地改为普鲁士公国，这个事件史称“普鲁士称臣”。普鲁士公国政局一直不稳，但其历史持续至1641年。

条顿骑士团迁至利沃尼亚（其范围包括现在的

右图：勃兰登堡的阿尔伯特主教的画像，他以基督教早期教父圣杰罗姆（347—420）的形象出现，表现了宗教新派对旧派的拉拢。

叛教的条顿骑士分团

乌得勒支分团是条顿骑士团在荷兰的一个分部，该分团与条顿骑士团的关系终止于17世纪。1637年，当时的荷兰共和国是坚定的新教拥护者，其他天主教团体受到的压力越来越大。为避免解散的命运，分团的高级官员同意皈依新教。19世纪，拿破仑（1769—1821）的法兰西帝国占领了乌得勒支，分团曾遭短暂压制。不过这个分团延续至今，如今成为一个慈善机构，其总部仍然位于乌得勒支名为杜伊茨惠斯[1]的宅邸内，宅邸修建于1348年。

[1] 杜伊茨惠斯为荷兰语音译，英语为German house（德国大楼）。——译者注

立陶宛、拉脱维亚和爱沙尼亚部分地区）。与其他骑士团一样，条顿骑士团手上的地产在16—17世纪逐渐被分解，骑士团在贵族地主的统治下被世俗化了。

条顿骑士团的人数大为缩减，但它的军事性质保持至18世纪，不过仅作为一支军事精英组织，而非随时可以投入战斗的骑士军队。1805年，条顿骑士团终止自身的军事活动，此后仅保留其宗教和礼仪职能。

驻扎马耳他

接下来的两个半世纪，医院骑士团驻扎马耳他岛，因此也被称为马耳他骑士团。医院骑士们刚到新家时，毫无兴奋之感。马耳他岛面积虽然是罗得岛的两倍多，但树木稀少，岩石光秃裸露，气候较罗得岛温和，但也干燥得多。饮用水匮乏是长期困扰骑士团的一个问题，此外，粮食也非常短缺。

> 医院骑士团乍到新家，毫无兴奋之感。

不过，骑士们的沮丧情绪主要还是来自他们当时的处境。1530年10月26日到达马耳他时，仅余400名骑士，大多身无分文。而1522年，有50艘船将他们从罗得岛送至克里特岛。如今，全团骑士来到马耳他，仅用了三艘饱经战火的加莱战舰，这3艘战舰分别是“圣克罗齐”号、“圣菲利波”号和“圣乔瓦尼”号。

抛开环境上的缺陷，骑士们觉得在马耳他停留也只是权宜之计。但他们需要皇帝（经济上或政治上）的资助。神圣罗马帝国皇帝马克西米安一世

右图：1522年，医院骑士团团长琼·帕里斯特·德·拉·瓦莱特在罗得岛带领骑士团抗击土耳其人。他后来成为医院骑士团大团长。

马耳他之鹰

卡斯提尔的乔安娜王后（1479—1555）是查理五世的母亲，史称“疯王后乔安娜”，她儿子的行为似乎也有些古怪。不然，如何解释他让医院骑士团驻扎马耳他，却每年只收取一只猎鹰作为租金呢？按照查理五世的意见，骑士团可以永久占有马耳他，条件是每年在万圣节（11月1日）这天，向兼任马耳他总督的查理五世进贡一只猎鹰，作为租金。

右图：几个世纪以来，猎鹰一直是马耳他岛的象征。图中石柱上装饰一顶医院骑士的头盔，头盔顶部站着一只猎鹰。

（1508—1519年在位）的继位者是查理五世。他在根特（位于现在的比利时）出生，继位之前已经是西班牙的国王。因此虽然神圣罗马帝国臣民以日耳曼人和奥地利人为主，查理五世在感情上却偏向西班牙，对西班牙有更大的认同感。也正是出于与西班牙的这种联系，查理将马耳他岛给予医院骑士团作为驻扎之地。医院骑士多数出身法国，他们忌惮西班牙的统治。

危机四伏

查理五世将马耳他赐给医院骑士团，并非宅心仁厚，他另有打算。十字军东征虽早已成为历史，但奥斯曼帝国和信奉基督教的欧洲之间依然时燃战火。进入16世纪，穆斯林一方更多地依靠雇佣巴巴里海盗（也叫“私

战火纷飞的马耳他

6世纪上半叶，马耳他岛是拜占庭帝国的领地；870年，为北非的阿拉伯人所攻占。不过阿拉伯人征服马耳他绝非易事，岛上居民拼死反抗，重创了阿拉伯人。

接下来的数百年，马耳他岛上人烟稀少。西方人重夺马耳他后，人口才有所增加。1091年诺曼人到达该岛，12世纪后，这里成为西西里王国的前哨基地。

在西西里晚祷战争中，西西里王国对马耳他的影响展露无遗。教皇与世俗统治者的权力斗争由来已久。为了推翻神圣罗马帝国的霍亨斯陶芬王朝，乌尔班四世（1261—1264年在位）图谋将西西里王国的王位传给安茹的查理一世（1266—1285年统治西西里岛），使得教权和王权的斗争愈演愈烈。

乌尔班四世的决定引发了民众的抗议，抗议在1282年复活节走向了高潮。那天是星期一，巴勒莫的圣灵教堂举行晚间礼拜（晚祷），随后发生了平民起义。起义逐渐升级为一场全面的战争，西西里岛、意大利本土和西班牙都成为战场。在1283年的马耳他战役中，安茹王朝（及其支持者）在瓦莱塔大港口遭受了致命的打击。

左图：在西西里晚祷战争期间，安茹的查理从他的战舰上眺望墨西拿。

掠团伙”），与欧洲进行对抗。起初不过是些小规模的摩擦，领导和参与战事的主要是苏丹一方的军官，用的也是自己的船只。当时奥斯曼帝国的君臣关系较松散，效忠哪一方往往随情况而变。许多人身份不明，既非纯粹的奥斯曼帝国的官员，也不是海盗，而是处于二者中间。大名鼎鼎的例子就是德拉古特·雷斯（1485—1565），他有一个威震四方的名号——伊斯兰之剑。

医院骑士团训练有素，作战经验丰富，足以抗衡奥斯曼帝国。况且他们经济吃紧，坦白说，也亟需海上战利品。骑士团和巴巴里海盗都认为自己是维护地中海治安的巡防队，实际上所谓的巡防，不过就是骚扰或劫持对方的船只。地中海是当时世界上最繁忙的水域，有丰厚的利润可图。除了货物，双方还劫持人质，要么用来勒索赎金，要么将人质贩卖为奴。

整体而言，骑士团发展势头不错。但也有不尽如人意的地方，他们在海战中不时吃到败仗。马耳他岛农业生产能力有限，粮食问题长期得不到解决，已经发生了几次饥荒，一旦遭到封锁，马耳他岛将不堪一击。另外，宗教改革之后，欧洲大陆也是冲突四起，骑士团在欧洲的大部分地产已被充公。

马耳他大围攻：医院骑士团的谢幕之战

现在看来，马耳他大围攻（1565）是医院骑士团的谢幕之战，是他们最后的英雄壮举。这次他们将送别老对手苏莱曼一世。40年前，苏莱曼心满意足地看着骑士团撤出罗得岛。现在他决心一举消灭骑士团，永绝心头大患，这恰恰从侧面肯定了骑士团在马耳他岛上取得的成就。

苏莱曼确实动了真格。5月18日凌晨，苏莱曼大军登陆马耳他岛，有250艘战船，兵力多达4万人。而医院骑士团一方仅有500名骑士和3500名岛民和雇佣军。在大团长琼·帕里斯特·德·拉·瓦莱特（1557—1568在任）的带领下，骑士团英勇反击苏莱曼大军。瓦莱特是参加过罗得岛大围

上图：这张地图显示了马耳他大围攻（1565）时，马耳他岛周边军队的部署情况。

攻的老兵，经过40年的磨炼，如今他更为睿智，更为果敢。这次，他下定决心，誓死抵抗。

肩负防卫大港口重任的是圣埃尔莫、圣迈克尔和圣安杰洛等主要堡垒，这些地方成为土耳其人持续猛攻的目标。一名目击者称，各种枪药弹炮发出的火光，照得夜空亮如白昼。医院骑士使用了一种特殊的武器。他们用亚麻和棉花包扎好铁箍，将其浸在白兰地和硝石中，点燃后从城墙上扔下来，一次就可以打击三个倒霉的对手。

土耳其人战意坚决，丝毫不退，这在意料之中。但他们使用的一些心理战术，其效果如何却被打上大大的问号。他们斩下被杀骑士的首级，把尸身绑在十字架上，扔在海港里任其漂流，以一种极为丑恶野蛮的方式攻击骑士的基督信仰。

瓦莱特则以牙还牙。他割下土耳其囚犯的头颅当作炮弹，射向土耳其人的阵地，头颅所落之处，引起一片惊恐。

德拉古特·雷斯带着15艘战船和1000多名士兵，在马萨姆克塞特港北面登陆。他在激烈的战斗中丧生，现在他去世的地点被称为德拉古特角。苏莱曼的主力部队进展还算顺利，于6月底攻陷了圣埃尔莫堡垒，但伤亡极为惨重。土耳其军队的炮兵团从南部推进至圣格莱亚半岛，火炮列队对大港口上空大肆轰炸。其规模之大，炮火之猛烈，据历史学家的观点，在当时无出其右者。

土耳其的进攻已持续数周，骑士团的阵地虽受到严重的破坏，但土耳其军队始终无法获得突破性的进展。圣迈克尔和圣安杰洛两个堡垒遭受重创，仍然屹立不倒。9月7日，西班牙贵族维拉夫兰卡侯爵唐·加西亚·德·奥索里奥（1514—1577）带着8000名士兵前来救援。土耳其人本已疲惫不堪，这场大营救又给他们的士气带来了致命的打击。四天后，土耳其人起锚返航。

这次大围攻，使得骑士团几百年的历史落下帷幕。而在尼斯，美好的

右图：马耳他画家朱塞佩·卡利绘于1867年的作品，展现了马耳他大围攻中德拉古特去世时的一幕。

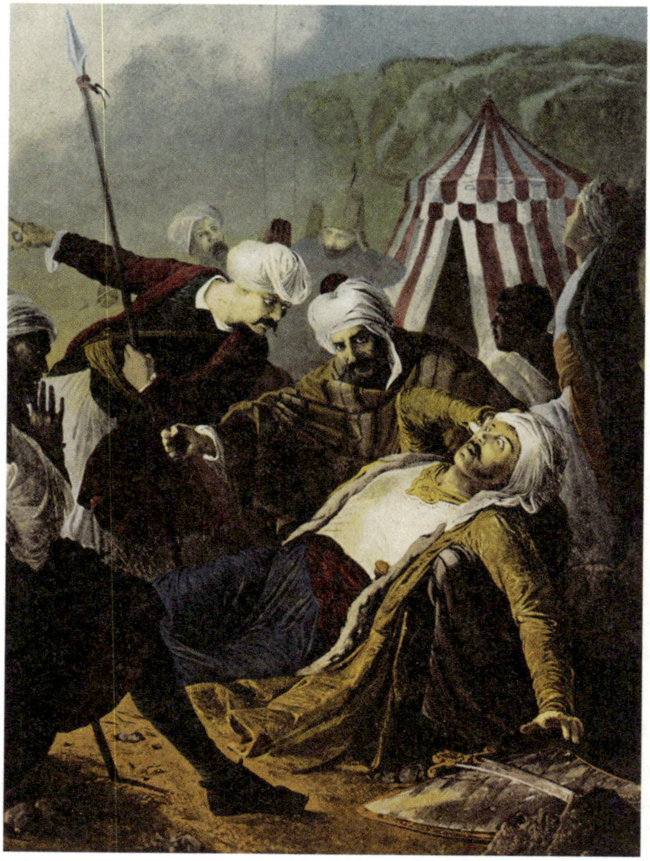

未来篇章在等待开启。一艘巨大的克拉克帆船“圣安娜”号在尼斯下水了，这艘战船除了可以容纳300名船员外，还可以搭载500名士兵。

“圣安娜”号是一艘四桅帆船，船尾的前桅和主桅挂方形横帆，主桅后面是挂三角帆的后桅，之后是同样挂三角帆的第四根桅杆。船体庞大沉重，所以需要巨大的航行动力。吃水线以下的船身镀铅，以保持最佳的防水性能；六层甲板中有两层也镀铅。船上安装了50门大炮，还配有一系列可在不同甲板移动的火炮，绳梯横索上也配有固定的火枪。

“圣安娜”号主要用来对付奥斯曼帝国的加莱桨帆船，它可以一己之力对抗20艘加莱船。这是因为它的船首得到加固，还装有撞击装置，可以撞翻任何挡道的船只。船尾装饰非常精美，且比敌方的船尾高，骑士团的神枪手在不同层的甲板上都可

下图：西班牙舰队登陆，营救被围困的骑士们（1565年9月7日）。

猖獗的海盗

巴巴里海盗在历史上臭名昭著，他们因在北非巴巴里海岸的港口一带活动而得名，后来也被称为“私掠者”。巴巴里海盗团体多具有自治性质，不臣服于任何组织。他们不断打劫欧洲各国商船，这让苏丹看到了他们在对抗基督教方面的利用价值，因此授权并资助巴巴里海盗进行抢劫。欧洲一方也有自己的私掠团伙（医院骑士团实质上已具备私掠的性质），但基督教编年史学家显然忽视了骑士团这一身份。

巴巴里海盗绝非清白之辈。他们在整个地中海地区拦截商船，袭击沿

下图：安德里斯·冯·埃尔特维尔特17世纪早期的作品，一艘西班牙加莱战舰与巴巴里海盗恶战。

海居民。有时候，他们的活动范围甚至远至英格兰布里斯托尔海峡和爱尔兰西部。有些地区，居民全部被巴巴里海盗贩卖为奴隶，总数可能达百万之多。胆敢反抗海盗的人，一律被残忍杀害，数千人因此命丧黄泉。

17世纪下半叶是巴巴里海盗最猖獗的时期，他们直到19世纪20年代才销声匿迹。

以射杀敌人。船尾有多层塔楼，除用作军官们的住处外，还有一间大会议室，供大团长和他的幕僚们使用。“圣安娜”号携带的补给足够在海上连续航行六个月。船上有面包房，可以每天供应新鲜面包。此外，还有铁匠铺、各种专业作坊和一个先进的大型军械库。

然而，16世纪20年代关于医院骑士团的记载中，我们却无法找到“圣安娜”号的任何消息。直到1532年，它的身影才出现在科隆（现希腊西部的科洛尼）围攻战中，在解除围困时发挥了重要作用。三年后，在追击进攻突尼斯拉戈莱塔要塞的加莱战舰时，它因速度过慢被抛在了后面。“圣安娜”号的确是一艘超时代的非凡战舰，但海战有其自身的作战特点和战争策略，这似乎都是“圣安娜”号无法适应的。“圣安娜”号最终于1540年退役，距离它建成仅18年。它具有超前的设计，却没有未来。以前的医院骑士团，现在的马耳他圣约翰骑士团呢？他们是否还有未来？

它具有超前的设计，却没有未来。

马耳他十字

马耳他骑士团的徽章马耳他十字为八角形——据说八个角代表了耶稣在《登山宝训》中所说的八种祝福：“虚心的人有福了……哀恸的人有福

了……温柔的人有福了……”

另外一种说法是，八角象征马耳他骑士尊崇的八项准则：真理、信仰、悔悟、谦卑、热爱正义、仁慈、受到迫害时的真诚和勇气。也有人推测，由于医院骑士团根据骑士所使用的语言，将所有骑士划分为八个区，八角代表了八个大区的骑士。

17世纪即将落下帷幕，不过有些事情还在继续。1670年，在勒班陀一次大规模的战役中，基督教军队战胜了土耳其舰队。

这是一场规模空前的战争。亲历过此战的西班牙作家米格尔·德·塞万提斯（1547—1616）认

右图：卡拉瓦乔创作的安东尼奥·马泰利的画像，他是墨西拿修道院院长，也是一位高级医院骑士。他衣服上的马耳他十字非常醒目。

上图：勒班陀战役规模之大和战况之惨烈，为海战历史之最。

为，“这样的战争可谓前无古人后无来者”。一位心存畏惧的幸存者回忆道，战争之惨烈，让人都不敢相信自己的眼睛，“多少人瞬间就丢了性命，他们的魂魄仿佛被死神从躯体中抽离，送赴黄泉之路”。

医院骑士团竭尽所能，为战争的胜利做出了应有的贡献。基督徒和土耳其双方战舰的数量对比为 212 : 270，但其中只有三艘属于医院骑士团，基督徒仍然以少胜多。他们的贡献固然值得称赞，但在整场战役中却显得无足轻重。骑士们只得再次另寻出路。

第8章

成就传奇

现代社会中，宗教骑士团昔日的影响力早已成过眼云烟。如今，出现在世人眼前的，是成就传奇的骑士团。

前页图：骑士团重建所罗门圣殿的心愿也许无法达成，但伦敦的圣殿教堂依然庄严地矗立着，向世人展示它独特的魅力。

医院骑士团在美洲的发展开局不利，这是个不祥之兆。

乔瓦尼·保罗·拉斯卡里斯（1636—1657年在任）任医院骑士团大团长期间，为增强马耳他的防御力量做出了贡献。今天，马耳他海岸线上分布着一系列以他名字命名的塔楼，如拉斯卡里斯塔，这应该是对他的高度肯定，也是对他最为永恒的纪念。

新大陆，新挫败

世界已经改头换面。17世纪40年代，拉斯卡里斯通过骑士团里一位高级官员菲利普·德·朗维利耶·德·普昂西（1584—1660），计划在新大陆为医院骑士们创造一个崭新的未来。

1651年，骑士团购买了位于加勒比海地区的圣克里斯多福岛（即圣基茨岛）及其附近的圣马丁岛（即尼维斯）、圣巴特莱米岛（即圣巴特岛）和圣克罗伊岛。但这次开拓收获甚微，至少对于医院骑士团来说是这样。普昂西偷奸耍滑，在殖民地管理上中饱私囊。他在圣基茨岛建造了一座豪华的城堡，叫蒙田城堡，是当时美洲著名的景观之一，堪称“热带地区的凡尔赛宫”。修建城堡的工匠是特地从欧洲雇来的。城堡的仆役多达百人，周围的

下图：拉斯卡里斯塔是守卫马耳他海岸的防御工事。最初建造了十座，保留至今的还有九座。

庄园有300多名奴隶耕种。直到德·普昂西去世，骑士团才算真正拥有这座豪华庄园。

封建时代的工作条件自然不符合现代社会的标准，即使不考虑这些，那些为德·普昂西（实际上也是为骑士团）工作的人，也都是奴隶。这虽然没招致外界对骑士团的非议（骑士团内部并不认为这样有何不妥），但此事的确让人有所思考。它不仅展示了骑士团在开疆拓土上的成就，也显露出骑士团在偏离道德正轨的路上，已走了多远。

医院骑士团的财富来源于它在欧洲的诸多领地，而蒙田城堡不过是其欧洲领地在美洲的一个翻版，这颇具讽刺意味。1689年，地震摧毁了蒙田城堡，周围的庄园也难以为继。这不禁让人猜想，若鲍德温四世泉下有知，他会作何感想呢？无论怎样，医院骑士团“伟大”的殖民计划止步于此。最后，医院骑士团悄悄地将加勒比海的财产转手。

在欧洲，骑士团先是在宗教改革运动中丧失了一部分财产；之后，大部分财产又在法国大革命以及随后大大小小的战争中散失。1798年，拿破仑远征埃及，途中攻占了马耳他岛，将其作为军队船只的补给基地。1879年，教皇利奥十三世（1878—1903年在位）重组医院骑士团（以“马耳他骑士团国”为名），但严格来说，它的性质是慈善机构。

神秘光环

骑士团的地位已大不如前了。不过，教皇也并没有另建一个全新的组织将其取代。从中世纪延续至今的骑士团，仍然具有自身的魅力。至少骑士团的名字，个个如雷贯耳。比利奥更早意识到这一点的大有人在。18世纪40年代，医院骑士团尚未（也快要）消失，神秘主义的支持者就开始打造骑士们头上的光环了。

其中最著名的当属共济会的成员。共济会自1737年启用（大肆宣扬）

上图：18世纪，共济会成员在等待导师到来。共济会的入会仪式主要源自圣殿骑士团的入团仪式，它比后者更添许多神秘色彩。

其会名——宗教、军事、共济会联合圣殿骑士团及耶路撒冷、巴勒斯坦、罗得岛和马耳他骑士团，简称“圣殿骑士团”①。共济会其实是一个神秘组织，这样大肆宣传自己，好像也名不符实。共济会章程中掺杂了很多思想主张和各种学说，与古埃及文化、波斯的琐罗亚斯德教等都有牵连。很多共济会成员是自认为具有现代意识的自由思想者。由于许多会员信奉基督教，共济会会名的宗教内涵就更为丰富了。

每一种宗教都有其神秘的一面。

每一种宗教都有其神秘的一面。现在看来，自中世纪始，一些荒诞怪异的异端宗教

① 据传，圣殿骑士团解散后，很多圣殿骑士转入共济会组织。——译者注

门派一直伴随着正统基督教。当一些人——诺威奇的朱利安、圣女大德兰和圣十字若望等著名修士——向内心寻找摆脱尘世束缚的道路时，另外一些人则在古老的神秘主义学说中寻求隐秘的智慧。

圣殿骑士传奇

炼金术的主要目的是将普通金属转变成黄金。历史上，众多学者都曾对炼金术产生过兴趣，甚至包括罗伯特·波义耳和艾萨克·牛顿这样的著名科学家。在现代社会，炼金术并不被看作一门严肃的科学，一些现代学者将炼金术视为一种“愚蠢荒谬的思想”，但也肯定了它的价值，认为它是科学发展中一种重要的修正手段。炼金术士的确不曾将铅变成黄金，不过他们倒是成功地将圣殿骑士的发展史转化为一个既生动又扣人心弦的（虽然大部分都是假的）神话。

炼金术士往往将自己的探索研究说得神乎其神，以致形成一系列的野史秘闻，圣殿骑士团在其中占有重要的一席。据传，圣殿骑士团与所罗门圣殿存在关联，那么至少表面看来，他们与犹太教和基督教的根源也存在关系。但和医院骑士团不同的是，圣殿骑士团苦于早已解散，无法现身反驳那些漫天飞舞的胡编乱造，所以反倒成为“研究”的焦点。

从文艺复兴时期的玫瑰十字会，到20世纪的金色黎明骑士团，他们都是圣殿骑士团在近现代社会中神秘的追随者。当然，在二者之外，还有形形色色的故事、传奇，包括欧洲早期的新柏拉图主义、犹太人卡巴拉[①]和（起源于埃及的）塔罗牌，都增添了圣殿骑士团的神秘色彩。

① 一种犹太教神秘主义思想。——译者注

小说与骑士

圣殿骑士团相关的秘密在小说《达·芬奇密码》中有细致描述，小说中还涉及大量宗教和历史上的谜团。除了文字风格受到抨击外，小说的评价也呈现出一种鲜明的特点，读者的褒与贬竟然出于同样的内容，一部分读者所着迷的，正是另一部分读者所厌恶的。这或许能够体现长久以来，对待神秘主义两种截然相反的态度——接受的人沉醉于其中，而反对者则对其嗤之以鼻。

丹·布朗的这部小说构思巧妙，情节曲折，阴谋错综复杂，为读者展示了一个神秘莫测的世界，围绕“追寻圣杯”这个主题展现了一场骑士冒险般的探索之旅。毫无疑问，小说参考了真实的史料，但同时又充满令人捉摸不透的重重迷雾。这样一部小说，圣殿骑士团当之无愧地占据重要地位。

“当代条顿骑士”

不管试图重新建构圣殿骑士形象的种种猜测和传说多么荒诞不经，它们至少证明，作为天主教徒的[①]圣殿骑士，其形象具备丰富而广泛的内涵，因而产生了一种超越国界的魅力。19世纪中期的欧洲，民族主义的基调总体积极向上，不过对待同一件事情，人们的观点有差异是难免的事。在理查德·瓦格纳（1813—1883）根据中世纪的史诗作品《帕尔齐法尔》

① 原文Catholic一词，意思既可指“天主教徒的”，也可指“包罗万象的、广泛的”。——译者注

左图：德国艺术家费迪南德·利克创作于1912年的《帕尔齐法尔的探险》，中世纪的传奇在现代社会重焕生机。

创作的同名歌剧中，随着故事情节的发展，作品越来越清晰地呈现出民族意识里恶的一面。①人们通常认为，作品中的圣杯骑士形象正是以圣殿骑士为参考，只是骑士的神秘色彩带有明显的德意志民族风格。

人们普遍认为，瓦格纳创作的歌剧《帕尔齐法尔》的主人公是一位圣殿骑士。

① 《帕尔齐法尔》有多种寓意，评论家对这部歌剧的争议较大。其中一种观点认为，这部歌剧体现了瓦格纳的种族主义（反犹主义）思想，据说希特勒非常推崇这部歌剧。但也有学者指出这种解读是翻译的问题，译者误读了歌剧脚本的内容。——译者注

条顿骑士团的故事在20世纪又被提起，彼时德国需要一个代言人，以展示其作为一个全新而强大的国家的形象。当时欧洲列强都力图在亚非两大洲建立自己的帝国。德皇威廉二世（1888—1918年在位）在1901年向臣民承诺“要打出自己的一片天下”，喜欢以“当代条顿骑士”自居。既然条顿骑士们曾发动过“北方东征”，那么德皇派遣帝国大军远征非洲和远东，就顺理成章了。

投身慈善：骑士在现代社会的归宿

如今，教皇利奥治下的“马耳他骑士团国”在全世界遭受灾难和贫困的地区开展慈善工作。他们在提供慈善援助时并不区分种族或信仰。骑士团大约有1.35万名正式成员，有能力组织包含4万名训练有素的医生和护士的团队，可召集8万名志愿者。

现在的骑士（包括女性）不再是神职人员，也不是职业士兵，只是普通人，为教会和人类的福祉做出他们的贡献。而在十字军东征时期，这类的工作被搁置一边。同时，能成为世界上最古老的骑士团中的一员，也是一种荣誉。

当代的骑士

圣约翰门位于伦敦的克拉肯威尔区，其历史可以追溯至1504年，由医院骑士团英格兰分部的大长官托马斯·多克瑞（1502—1557年在任）主持修建，是骑士团在英国的总部。在随后的几个世纪里，大部分建筑被清除，但这座门楼幸存下来，成为当地重要的地标。后来，它被改造为新成立的圣约翰骑士团的总部。该骑士团不具备军事性质，而是与医院骑士团一道，致力于提供紧急医疗和公共卫生服务。

上图：位于伦敦的圣约翰大门，一处缅怀医院骑士团的旧地。

19世纪30年代以前，不经罗马教廷同意是无法建立骑士团的，但是现在已经没有人在意罗马教廷的看法。在阿尔弗雷德·丁尼生（1809—1892）的笔下，亚瑟王的传奇故事在现代社会重新焕发光彩，从奥古斯塔斯·普金（1812—1852）的建筑，到但丁·加百利·罗塞蒂（1828—1882）、威廉·霍尔曼·亨特1827—1910）、约翰·埃弗里特·米莱斯（1829—1996）的前拉斐尔派艺术，中世纪风格渗入生活的方方面面。中世纪不仅是当下的一种潮流，也是我们所有人的宝贵财富。所以在信奉安立甘宗的大不列颠建立圣约翰骑士团这样一个超越基督教宗派[1]的组织，也就不足为奇。

1888年，圣约翰骑士团由维多利亚女王（1837—1891年在位）批准建立，并延续至今。骑士团的活动以英国为中心，但在欧洲大陆和世界其他地区也活跃着他们的身影。它的现任大团长是英国女王伊丽莎白二世。圣约翰救护队是大众熟悉的救援组织，在很多需要急救人员的公共场合和体育赛事中，都可以看到救护队志愿者的身影。

[1] 原文“ecumenical”意为“基督宗教合一的”。基督信仰合一运动指的是提倡现代基督教内各宗派和教派重新合一的运动。——译者注

参考文献

1. Armstrong, Karen, *A History of Jerusalem: One City, Three Faiths* (London: Harper Collins, 1996).

2. Brown, Dan, *The Da Vinci Code* (New York: Doubleday, 2003).

3. Campbell, David, *Templar Knight vs Mamluk Warrior*, 1218–1250 (London: Bloomsbury, 2015).

4. Cliff, Nigel, *The Last Crusade: The Epic Voyages of Vasco da Gama* (London: Atlantic, 2012).

5. Crowley, Roger, *Empires of the Sea: The Final Battle for the Mediterranean, 1521–1580* (London: Faber, 2008).

6. ——, *Conquerors: How Portugal Forged the First Global Empire* (London: Faber, 2015).

7. Eschenbach, Wolfram von (tr. Hatto, A.), *Parzival* (London: Penguin Classics, 1980).

8. Haag, Michael, *The Templars: History and Myth* (London: Profile, 2009).

9. ——, *The Tragedy of the Templars and the Crusader States* (London: Profile, 2012).

10. Hunyadi, Zsolt, 'Early-Warning Systems and the Hospitallers in the Eastern Mediterranean', inGiannokopoulos, Georgios and Sakas, Damianas P. (eds), *Advances on Information Processing and Management,* Piraeus, Greece: Institute for the Dissemination of Arts and Science, 2011.

11. Langan, John, 'The Elements of St Augustine's Just War Theory', *Journal of Religious Ethics,* vol. 12, no. 1, Spring 1984, pp. 19–38.

12. Lord, Evelyn, *The Knights Templar in Britain* (Harlow: Longman, 2002).

13. Muscat, Joseph, 'Warships of the Order of St John', in *Proceedings of History Week,* Valletta: Malta Historical Society, 1994.

14. Napier, Gordon, *The Rise and Fall of the Knights Templar: The Order of the Temple, 1118–1314* (Staplehurst, Kent: Spellmount, 2003).

15. Nicholson, Helen, *The Knights Hospitaller* (Woodbridge, Suffolk: Boydell, 2001).

16. ——, (ed.), *The Military Orders, Volume II: Welfare and Warfare* (London: Routledge, 1998).

17. Partner, Peter, *The Knights Templar and their Myth* (Rochester, VT: Destiny,

1990).

18. Peters, F.E. (ed.), *Jerusalem: The Holy City in the Eyes of Chroniclers, Visitors, Pilgrims and Prophets from the Days of Abraham to the Beginnings of Modern Times* (Princeton: Princeton University Press, 1985).

19. Riley-Smith, Jonathan, *The Oxford History of the Crusades* (Oxford: OUP, 2003).

20. Sebag-Montefiore, Simon, *Jerusalem: The Biography* (London: Weidenfeld & Nicolson, 2011).

21. Staunton, Michael, *The Historians of Angevin England* (Oxford: OUP, 2017).

22. Sumption, Jonathan, *The Albigensian Crusade* (London: Faber, 1998).

23. Théry, Julien, 'A Heresy of State: Philip the Fair, the Trial of the "Perfidious Templars," and the Ponticalization of the French Monarchy,' *Journal of Medieval Cultures,* Vol. 39, no. 2, 2013.

24. Throop, Susanna A., *Crusading as an Act of Vengeance, 1095–1216,* (Farnham, Ashgate: 2011).

25. Troyes, Chrétien de (tr. Carroll, Carleton and Kibler, William), Tull, George F., *Traces of the Templars* (Rotherham: King's England Press, 2000).

26. Tyerman, Christian (ed.), *Chronicles of the First Crusade* (London: Penguin Classics, 2011)

图片来源

Alamy（图片网站，页码后的括号内标示网站上的版块或栏目、照片摄影作者或提供方，或图像提供方等）：4 (Granger Collection), 9 (Interfoto), 11 (Bildwissedition), 13 (Peter Horree), 17 (World History Archive), 19 (Adam Eastland), 20 (Interfoto), 28 (G L Archive), 30 (Granger Collection), 31 (Classic Image), 36 (Keith Corrigan), 38 (Painters), 33 & 40 (Classic Image), 42 (Robert Harding), 44 & 45 (Interfoto), 48 (Gordon Sinclair), 51 (Granger Collection), 53 (World History Archive), 54 (Picture Art Collection), 55 (Classic Image), 58 (Picture Art Collection), 70 (Archivah), 73(Rik Hamilton), 75(Prisma Archivo), 84 (Florilegius), 85 (Walker Art Library), 87(Classic Image), 90 (Lanmas), 92 (Classic Image), 93 (World History Archive), 95 (Stock Montage), 96 (Print Collector), 98 (Joris Van Ostaeyen), 103 (Granger Collection), 105 (Interfoto), 110(History Collection), 114 (Picture Art Collection), 119 (North Wind Picture Archive), 122 (Pictorial Press), 128(Historical Image Collection by Bildagentur-online), 131 (Justin Kase), 136 (Age Fotostock), 140 (Interfoto), 142(World History Archive), 143(Hanan Isachar), 146 (Pictures Now), 147 (Interfoto), 153 (Classic Image), 158 (Peter K Lloyd), 165 (Josse Christophel), 166 (Leemage), 170 (Pictorial Press), 172 (PBL Collection), 182 (ASP Religion), 187 (Granger Collection), 188 (Really Easy Star/Claudio Pagliarani), 191 (Image Broker), 192 (Picture Art Collection), 194 (History Collection), 195 (Interfoto/Austrian National Library), 198 (Photo 12), 201 (CTK), 202-203(Niday Picture Library), 205上 (Peter Horree), 206(Classic Image), 208 (Granger Collection), 211 (G L Archive), 213 (Jaroslaw Muron), 216 (Image Broker), 219 (Robert Morris), 224 (Artepics), 225 & 226 (World History Archive), 228 (Peter Righteous), 230 (Prisma Archivo), 235(Christine Osborne Pictures), 238 (Adam Eastland), 240 (Lebrecht), 241(Pictorial Press), 246 (Latitude Stock), 250 (Photo 12), 252 (Rod Collins)

Alamy/Chronicle（Alamy图片网站编年史版块）：12, 39, 46, 74, 69, 76, 112,

117, 161

Alamy/Heritage Images（Alamy图片网站历史图片栏目）：10, 34, 35, 71, 102, 108, 130, 138, 150, 154, 156, 174, 175, 232, 242, 244

Alamy/Science History Images（Alamy图片网站科学历史图片栏目）：2, 14, 26, 115, 120, 126, 144, 217, 222

Amber Books/Art-Tech（琥珀出版社）：199

Bridgeman Images（布里奇曼艺术图像图书馆，括号内为画作收藏方）：80-81(Musee Calvert, Avignon), 168(Leemage/S Bianchetti), 180 & 183 (Look & Learn), 185 & 190 & 234 (Chateau de Versailles)

Dreamstime（美国摄影机构，括号内为摄影作者或提供方）：62-63 (Benkrut), 64-65 (Mayorov), 68 (Alexrina 27000), 86 (Jgaunion), 107 (Naumoid), 124 (Sva rshik), 134 (Stef ano Valerigm), 135 (Karsol), 245 (Josef Sedmak), 248(Arenaphotouk), 255(Chris Dorney)

Mary Evans Picture Library（英国著名历史图片收藏机构）：49 (SZ Photo/Scherl)

Getty Images（图片网站，括号内为照片摄影作者或提供方，或画作收藏方）：60 (Michael Maslan), 78(Hulton), 104 (Universal Images Group/Christophel Fine Art), 177 (Gamma-Rapho/Eric Vandeville), 181 (Universal Images Group/Photo 12), 215 (Hulton/ Print Collector), 227 (Adoc- Photos), 253 (Hulton/ Print Collector)

Getty Images/De Agostini（Getty Images为图片网站，De Agostini为出版机构，页码后的括号内表示的图片收藏方）：7 (Biblioteca Ambrosiana，意大利盎博罗削图书馆), 139 & 164上、下(Biblioteca Ambrosiana意大利盎博罗削图书馆), 196, 209(Dagli Orti), 220, 236(Biblioteca Ambrosiana，意大利盎博罗削图书馆)

iStock/Duncan1890（图片网站）：21, 24, 83

Photos.com（图片网站）：66

Shutterstock（图片网站，页码后的括号内标示的是照片摄影作者）：5 (Kyrylo Gilvin), 89(Vadim Petrakov), 100(Pavlov Valeriy), 160 (Damira), 162 (Goran Bogicevic)